PIERRE LOTI

DE L'ACADÉMIE FRANÇAISE

QUELQUES ASPECTS

DU

VERTIGE MONDIAL

DEUXIÈME ÉDITION

PARIS
CALMANN-LÉVY, ÉDITEURS
3, RUE AUBER, 3

1928

Prix : 9 francs

QUELQUES ASPECTS

DU

VERTIGE MONDIAL

CALMANN-LÉVY, ÉDITEURS

DU MÊME AUTEUR

Format in 16

AU MAROC, ...	1 vol.
AZIYADÉ	1 —
LE CHATEAU DE LA BELLE-AU-BOIS-DORMANT.	1 —
LES DERNIERS JOURS DE PÉKIN.	1 —
LES DÉSENCHANTÉES.	1 —
LE DÉSERT.	1 —
L'EXILÉE.	1 —
FANTÔME D'ORIENT.	1 —
FIGURES ET CHOSES QUI PASSAIENT	1 —
LA FILLE DU CIEL	1 —
FLEURS D'ENNUI	1 —
LA GALILÉE	1 —
L'HORREUR ALLEMANDE	1 —
LA HYÈNE ENRAGÉE	1 —
L'INDE (SANS LES ANGLAIS)	1 —
JAPONERIES D'AUTOMNE	1 —
JÉRUSALEM	1 —
JOURNAL INTIME	1 —
LE LIVRE DE LA PITIÉ ET DE LA MORT. . . .	1 —
MADAME CHRYSANTHÈME.	1 —
LE MARIAGE DE LOTI	1 —
MATELOT.	1 —
MON FRÈRE YVES	1 —
LA MORT DE NOTRE CHÈRE FRANCE EN ORIENT.	1 —
LA MORT DE PHILÆ.	1 —
PAGES CHOISIES	1 —
PÊCHEUR D'ISLANDE	1 —
PRIME JEUNESSE	1 —
PROPOS D'EXIL	1 —
RAMUNTCHO.	1 —
RAMUNTCHO, pièce en cinq actes.	1 —
REFLETS SUR LA SOMBRE ROUTE	1 —
SUPRÊMES VISIONS D'ORIENT	1 —
LE ROMAN D'UN ENFANT.	1 —
LE ROMAN D'UN SPAHI	1 —
LA TROISIÈME JEUNESSE DE MADAME PRUNE .	1 —
LA TURQUIE AGONISANTE	1 —
UN JEUNE OFFICIER PAUVRE	1 —
UN PÈLERIN D'ANGKOR.	1 —
VERS ISPAHAN	1 —

Brochures

LES ALLIÉS QU'IL NOUS FAUDRAIT.
LA GRANDE BARBARIE.
LES MASSACRES D'ARMÉNIE.
RAPPORT SUR LES PRIX DE VERTU.

PIERRE LOTI

DE L'ACADÉMIE FRANÇAISE

QUELQUES ASPECTS

DU

VERTIGE MONDIAL

PARIS
CALMANN-LÉVY, ÉDITEURS
3, RUE AUBER, 3
—
1928

Droits de reproduction et de traduction réservés
pour tous les pays.

Copyright 1917, by ERNEST FLAMMARION.

QUELQUES ASPECTS DU VERTIGE MONDIAL

VERTIGE

Février 1917.

Dans ces dessins d'enfantine cosmographie qui, au temps des premiers Pharaons, se faisaient à Memphis, le ciel était figuré par une voûte sphérique à laquelle des fils suspendaient les étoiles, et, sous les différents pays de la terre, naïvement tracés en couleurs, une partie ombrée en noir, qui descendait jusqu'au bas de la feuille de papyrus, s'appelait : *base du monde*. Au fond de leurs esprits dégagés plus fraîchement que les nôtres de la matière originelle, ne se demandaient-ils pas déjà, ces hommes aux intuitions merveilleuses, ne se demandaient-ils pas ce qu'il pouvait bien y avoir plus haut, plus haut, au-dessus de la voûte bleue où les étoiles s'accrochaient? L'infini, l'inconcevable infini dont nos âmes sont maintenant obsédées, est-ce qu'ils commençaient d'en pressentir l'épouvante?

Et, pour eux, sur quelle autre chose, plus stable encore, cette *base du monde* posait-elle? Est-ce qu'il leur venait à l'idée de se demander : En dessous, encore plus en dessous, que trouverait-on bien? Alors, toujours, toujours, des couches plus profondes, se soutenant les unes les autres? Et ainsi de suite *indéfiniment?* Ou bien, qui sait... du vide? Mais alors, comment ces bases tiendraient-elles, car le vide, c'est du néant où tout tombe?...

Hélas! oui, à présent, nous le savons, nous que la Connaissance a déséquilibrés, nous le savons, qu'en dessous c'est le vide, le vide auquel il faut toujours logiquement et inexorablement aboutir, le vide qui est souverain de tout, le vide où tout tombe et où vertigineusement nous tombons sans espoir d'arrêt. Et, à certaines heures, si l'on s'y appesantit, cela devient presque une angoisse de se dire que jamais, jamais, ni nous-mêmes, ni nos restes, ni notre finale poussière, nous ne pourrons reposer en paix sur quelque chose de stable, parce que la stabilité n'existe nulle part et que nous sommes condamnés, après comme pendant la vie, à toujours rouler éperdument dans le vide où il fait noir. S'accélère-t-elle, notre chute, comme c'est la loi pour toutes les autres chutes appréciables à nos sens? Ou bien est-ce que, à travers les espaces auxquels on tremble de penser, la folle vitesse de notre soleil demeure constante? Nous n'en savons rien, et n'en pourrons rien savoir jamais, puisqu'il n'existe et ne peut exister nulle part aucun point de repère qui ne soit en plein vertige de mouvement, puisque cette vitesse, qui déjà nous fait peur, nous ne pouvons l'évaluer que d'une façon relative, par rapport à celle d'autres pauvres petites choses, — d'autres soleils, — qui tombent aussi... Et puis, comble d'effroi, tout le cosmos qui, aux yeux d'observateurs insuffisamment avertis, semble admirable par sa ponctualité d'horloge permettant de calculer, des siècles à l'avance, la minute précise d'un passage ou d'une éclipse, ce cosmos n'est au contraire que désordre, tohu-bohu d'astres, chaos insensé, frénésie de heurts et de mutuelles destructions... Dans un étang aux surfaces immobiles, si nous jetons une pierre, nous voyons pendant quelques secondes des cercles concentriques se former, semblables à des orbites de planètes, et se développer et se suivre avec une régularité absolue, jusqu'à épuisement de l'impulsion initiale, ou bien jusqu'à l'instant où une autre pierre lancée viendra brouiller l'harmonie de ces courbes parfaites. Eh bien! mais il en va de même pour ces exactitudes célestes, devant quoi les non-initiés s'extasient[1]; pendant quelques milliards d'années, — qui sont comme les secondes du temps

---

[1]. Napoléon 1ᵉʳ fut, si je ne me trompe, l'un de ces non-initiés qui citait la régularité des tournoiements célestes comme preuve de l'existence de Dieu.

éternel, — dans chaque groupe stellaire, à partir de l'instant où la secousse initiale l'a mis en mouvement, tout continuera bien en effet à tourbillonner suivant les lois de la gravitation, — lois trop effarantes du reste pour notre raison humaine, effarantes par le seul fait qu'elles *existent* et que *rien ne pourrait faire qu'elles n'existent pas*. Et cela durera, chronométriquement, si l'on peut dire ainsi, jusqu'à l'heure inéluctable du choc contre un autre groupe en marche affolée, ou contre quelqu'un de ces monstrueux astres morts qui roulent, obscurs, dans le vide obscur.

Heureux les simples qui ignorent tout cela! Heureux les légers ou les très sages qui peuvent vivre sans y trop penser!... Or, ces redoutables aperçus des cosmogonies, que la prudence commandait de cacher, comme les formules des explosifs, dans des arches hermétiquement fermées, nous les divulguons déjà aux enfants de nos écoles primaires, où ils concourent pour leur part au déséquilibrement des générations nouvelles!

Pauvre petite science humaine, qui nous a bien appris que non seulement les astres tombent, mais qu'en outre il a fallu qu'ils fussent lancés! Elle nous a presque fait connaître aussi comment a dû s'effectuer le lancement de notre Terre infime; mais elle ne nous apprendra jamais, jamais, pourquoi, comment et par qui fut lancé notre soleil [1], — et lancé avec ce mouvement de giration que, plus tard, nous-mêmes, arrivés au summum de ce qu'on appelle progrès, nous avons fini par savoir donner à nos obus, pour en augmenter la vitesse meurtrière.

Ce soleil, quel foyer d'épouvante, dès que l'on songe à lui! Où, quand, et surtout pourquoi s'est allumée cette gigantesque tempête de feu, qui mettra des milliards de siècles à s'éteindre, et qui, à force de rouler, de rouler depuis des temps inconcevables, a parachevé sa forme ronde? Et sommes-nous donc forcés d'admettre, hélas! qu'il soit un réservoir *complet* de tout ce qu'il faut pour donner naissance plus tard à d'autres planètes encore, avec leurs parasites de tout poil et de toute plume, avec les criminels et les martyrs qui les habiteront? Admettre, comme une logique superficielle semble l'indiquer, qu'il y ait là dedans de la matière première de tout, matière première d'organismes humains, matière première d'âmes, de douleurs, même de tendresse, de pitié et de prière?

Et qui les dirigera, ces créations futures, à la surface de ces planètes qui vraisemblablement, dans les temps imprécis, jailliront sous formes de bulles gazeuses incendiaires et mettront sans doute, pour

---

[1]. Quelques nouvelles hypothèses, assez admissibles, viennent d'être émises sur la genèse du soleil, mais elles soulèvent encore, — et toujours et toujours, — de nouveaux *pourquoi* plus effroyables; alors, à quoi bon?

se refroidir, quelque quatre ou cinq cents millions d'années: qui les dirigera, sera-ce Celui qui a déjà présidé à la nôtre? Se feront-elles par tâtonnements comme sur la Terre, ou bien leur créateur aura-t-il bénéficié d'expériences précédentes et réussira-t-il du premier coup?... Car c'est là un mystère plus insondable que tous les autres, ces tâtonnements si visibles, si indéniables, opérés sur notre planète, minuscule pourtant et de bien mesquine importance, comme *si ce créateur-là nous avait été spécial*, comme s'il ne s'était plus nullement souvenu d'*avoir déjà créé* autre part dans des mondes évanouis au fond des abîmes du passé?... (Oh! tout cet infini *antérieur*, dont la raison nous oblige d'admettre l'existence comme un axiome, rien qu'en y songeant nous perdons pied! Que la matière et le temps n'aient jamais commencé, n'est-ce pas mille fois plus inconcevable encore pour nos frêles esprits, que leur impossibilité de finir?) Ces tâtonnements, qui sembleraient prouver que la création terrestre fut une œuvre de début, la paléontologie nous en fournit de plus en plus la preuve, aujourd'hui qu'elle achève de reconnaître et de classer toutes les faunes primitives; on ne peut nier que le créateur ait longtemps cherché sa voie, dans ces innombrables ébauches d'êtres tout de férocité et de hideur dont beaucoup n'étaient pas même viables : têtes trop grosses et trop lourdes, que la charpente n'avait pas la force de supporter; ou bien, têtes si petites que les mâchoires devaient nuit et jour, sans trêve, broyer les aliments, sous peine de laisser mourir le trop énorme corps... Et avant de réaliser l'idée du vol, l'idée de l'oiseau, n'a-t-il pas fallu des essais qui ont duré des millénaires [1]?...

A côté de ce pénible effort qui dénote presque une incompétence, viennent prendre place des faits plus mesquins, qui déroutent notre admiration pour le créateur des organismes *matériels*. Ainsi, dans ce tout petit monde affreusement inquiétant, qui nous a été révélé depuis un demi-siècle à peine par H. Fabre, dans le monde des insectes, ce créateur aux fantaisies illimitées n'a-t-il pas imaginé des complications saugrenues et gênantes, des structures ridicules, des perversités infernales, et, pour ne citer que les délirantes amours de l'araignée, des mœurs horriblement sadiques dont nous restons épouvantés. On connaît, entre tant de milliers d'autres exemples, le cas de cette bestiole qui, avant de mourir en fin de saison, fait à une autre bestiole une piqûre anesthésiante, très exactement aux centres nerveux, avec une science anatomique consommée, l'endort d'un sommeil léthargique et pond sur elle ses œufs, afin que, l'année suivante, quand elle-même sera depuis longtemps morte, sa postérité d'immondes petites larves trouve en naissant une proie encore fraîche, encore en vie, mais

---

[1]. On connaît les lézards à membranes et même le lézard à plumes (archéopterix) qui fut essayé après lui.

inerte. Et je parlerai aussi de certain grand insecte vert, — parce que je l'ai observé de près, celui-là, dans les forêts de Ceylan. Il vit endormi et impossible à distinguer, parmi la verdure pareille de l'arbuste qui le nourrit; sur ses ailes ont été copiés, avec une exactitude et une minutie vraiment enfantines, les festons et les nervures des feuilles de sa plante nourricière, tout cela pour tromper les yeux d'une variété d'oiseaux dont il est le mets préféré; et ce détail est peut-être le plus déconcertant : au bord de ses ailes si ingénieusement *camouflées*, — pour parler comme sur le front de bataille, — des petites échancrures irrégulières, lisérées d'une à peine perceptible ligne rougeâtre, imitent à s'y méprendre les morsures que font, sur les vraies feuilles, les larves parasites de ce même arbuste. Le Créateur s'était-il attentivement représenté ce que seraient ces légers dégâts, ou bien les avait-il déjà observés, avec leur coloration rouge, lorsqu'il a combiné l'invraisemblable insecte? En tout cas, quelle invention puérile, quand il eût été tellement plus simple de ne pas créer l'oiseau dévorateur! Quelle amusette indigne de Celui qui créa l'âme de l'homme, — si toutefois nous devons admettre qu'il fut le même!...

L'homme, il avait été au moins dès longtemps prévu par ce Créateur des animaux et des plantes; ses yeux mêmes avaient été prévus aussi, ses yeux qui, parmi tant de millions d'autres yeux grands ou petits, sont absolument les plus capables d'être

charmés par la beauté et la couleur; c'est donc pour
lui certes que, des millénaires avant son apparition,
avaient été inventées les roses; mais, dans le but de
déchirer sa main qui ne manquerait pas de vouloir
les prendre, on avait garni les tiges d'épines, — sans
même penser aux ciseaux qui plus tard permet-
traient de si impunément les cueillir.

C'est aussi pour le regard humain qu'avait été
composée toute la série de ces merveilleux petits
oiseaux, les « paradisidés », resplendissants de
coloris métalliques, surchargés plutôt trop, avec
une profusion presque barbare, de gorgerins chan-
geants, de parachutes, de queues et d'aigrettes
démesurées; mais étourdiment on ne leur avait
donné pour défense que la rapidité de leurs ailes,
— sans prévoir le fusil qui viendrait plus tard les
exterminer en masse, pour satisfaire le besoin de
parure des élégantes modernes, qui se complaisent
à avoir la tête hérissée de leurs pauvres petites
dépouilles innocentes...

Notre humanité, si incomplètement devinée par
son Créateur, — ou du moins par son créateur
supposé, qui n'est peut-être responsable que de sa
forme animale, — voit son évolution s'accélérer
aujourd'hui trop furieusement, comme s'accélèrent
toutes les longues chutes dans les abîmes. Il y a
quelque deux cent mille années qu'elle a surgi tout
à coup, nous ne saurons jamais pourquoi, à la
surface de cette poussière cosmique, la Terre, qui

aurait si bien pu demeurer déserte et ne pas promener dans l'espace tant d'âmes désespérées et de corps sanglants. Énigme de plus, elle est apparue sans doute sous un aspect déjà parfaitement humain, car on n'a jamais trouvé, quoi que l'on en ait prétendu, sa filiation tant cherchée... Après avoir indéfiniment végété dans les cavernes, elle a connu une apogée presque subite lors de ce merveilleux élan de foi qui a duré quelques millénaires, mais qui s'épuise et qui, faute de sève et de jeunesse, ne se reproduira jamais; à cette envolée, nous devons les vieux temples de l'Égypte et de l'Inde, les jardins de l'Hellade, où se promenaient, en devisant de nouveautés sublimes, d'incomparables péripatéticiens, et enfin les catacombes de Rome, et puis nos profondes cathédrales avec leur pénombre tout imprégnée de confiantes prières. Mais, c'est déjà dans le passé tout cela, et ne semble-t-il pas que la suppression de cette même humanité ou tout au moins son départ pour *ailleurs* soit désirable et peut-être même proche, puisque la voici déséquilibrée par la connaissance et prise d'un vertige qui ne se guérira plus! Aujourd'hui, au lieu des lointains mais radieux espoirs, nous avons les convoitises immédiates, l'alcool et la détresse. Au lieu des hautes basiliques, magnifiquement édifiées par des artistes inspirés, nous avons le honteux et imbécile obus allemand, qui passe au travers, et les gerbes d'écume des explosions sous-marines et le cauchemar de ces grandes caricatures d'oiseaux en acier qui, au-dessus de nos têtes, promènent la mort. Un vent de laideur et de crime souffle en tempête sur le monde...

C'est du reste de notre Europe qu'est venu tout le mal. Et pourtant avons-nous été assez fiers de notre *progrès!* Ces Hindous contemplatifs, tous ces peuples d'Orient qui nous dépassaient dans l'intuition des choses métaphysiques, même dans la poésie, dans le rêve, les avons-nous toisés d'assez haut, parce qu'ils avaient le bonheur d'être un peu des arriérés de la science positive et ignoraient le tournoiement désordonné des soleils, ainsi que les secrets de la chimie, la composition de cette mélinite ou de cette cheddite qui nous fauchent aujourd'hui par milliers. Et, pour achever la confusion de notre orgueil, en plein milieu de notre Europe, une race non perfectible a pullulé plus vite que les autres, cette race de Germanie qui déjà, au temps de Varus, emplissait de dégoût les Romains par *son incroyable mélange de férocité et de mensonge;* tout lui est bon pour tuer, à cette race de rebut, non seulement les obus énormes et les balles pointues; mais encore les toxiques, les microbes et les virus; il semble qu'elle ait reçu, de la part de cet élément de la Trinité hindoue qui fut dénommé Shiva, prince de la Mort, la mission spéciale d'exterminer; le rôle où elle se complaît rappelle celui de ces poissons voraces qui se réunissent par myriades et passent leur vie à manger les autres. Et, même quand nous aurons vaincu sa force homicide, elle demeurera parfaitement destructive de tout calme et de toute beauté, en développant à outrance son industrie qui est la négation de l'Art, en propageant partout l'Usine qui est l'étiolement physique de l'homme et l'exploitation des pauvres ouvriers en troupeaux. Ils s'en vont, hélas! les petits métiers d'autrefois, où chacun, loin des hauts fourneaux meurtriers, exerçait librement son habileté personnelle et son artistique fantaisie; ils s'en vont et bientôt l'Orient même ne les connaîtra plus... Cher Orient, qui demain aura cessé d'exister et qui était pourtant le dernier refuge de ceux qui souhaitent encore vivre dans le silence, la méditation, peut-être la prière, sans entendre les sifflets des machines, les résonances des ferrailles, ni les discours subversifs et ineptes, arrosés d'alcool. Et le calme, hélas! nous sera refusé de plus en plus, à nous et à notre descendance, pendant ces temps, très comptés sans doute, qui restent encore à nos races humaines pour vivre et se reproduire, au milieu du déchaînement de tous les explosifs. La Science perfide nous a conduits au plus terrible tournant de nos destinées. Tout ce qui avait duré avec nous depuis quelques siècles, tout ce qui nous semblait solide pour nous y appuyer, chancelle brusquement par la base, se désagrège ou change. Et l'enseignement matérialiste jette dans nos âmes le désarroi mortel à quoi nous devons ces milliers de fous et cette croissante criminalité de l'enfance, signe que la fin est proche... Ce que je viens de dire, je n'ai bien entendu aucune prétention que ce soit un peu nouveau; rien, je l'accorde, n'est plus pitoyablement ressassé. Du reste, tout est ressassé sur la terre. Si j'ai essayé de répéter tout cela à ma façon pour le faire peut-être mieux entendre de mes frères intellectuels, simples comme moi, et pour en aviver chez eux l'épouvante, c'est dans le but de leur communiquer, après, des réflexions — oh! bien simplistes et à notre portée — mais qui pourront peut-être leur procurer, ainsi qu'à moi-même, quelque apaisement...

(Simple, oui, je ne suis qu'un simple, que des engrenages ont emporté, et qui a manqué sa vie; je n'étais pas né pour m'éparpiller sur toute la terre, m'asseoir au foyer de tous les peuples, me prosterner dans les mosquées de l'Islam, mais pour rester, plus ignorant encore que je ne suis, dans ma province natale, dans mon île d'Oléron, dans la vieille demeure au porche badigeonné de chaux blanche, près du petit temple huguenot où j'ai prié, enfant, avec une telle ferveur, — très humble petit temple que, du fond des lointains de l'Afrique ou de l'Asie, j'ai plus d'une fois revu en rêve, dans la rue d'un village désuet, à côté de certain mur de jardin que dépasse la verdure sombre de grands oliviers...)

Ce que je voudrais leur dire, à mes frères inconnus, c'est que, plus le vertige et le chancellement nous entourent et nous affolent, plus il faudrait s'efforcer d'établir au contraire dans nos âmes la paix et la stabilité. Ce conseil, oh! tout le monde aurait su le donner, je suis le premier à le reconnaître; mais personne, plus que moi jadis, n'a douté qu'il fût possible de le suivre. Cependant, je m'y rallie de plus en plus aujourd'hui; plus que jamais, je crois que la paix intime peut à la rigueur se retrouver, non pas seulement par résignation détachée, mais aussi, qui sait, par espoir d'autre chose, pour ailleurs, pour plus tard...

Je reparlerai d'abord de cet effroyable soleil qui nous entraîne à sa suite dans des régions sans cesse nouvelles de l'infini noir, et dont la force attractive se tient toujours prête à faire dévier notre pauvre planète de son ellipse frénétique, à la happer comme une négligeable poussière, dès que faiblirait la vitesse qui la sauve, pour l'anéantir dans ses continuels cyclones de feu. Ce soleil, qu'il soit, je le veux bien, devant l'évidence il faut se résigner à l'accepter, qu'il soit le réservoir de toute la matière première de ce monde matériel qui nous entoure, même des fraîches fleurs et des yeux candides de nos enfants, jusque-là, je m'incline. Mais, quant à admettre que, dans la brutale fournaise, soit aussi contenue toute la réserve de ce qui parfois dans nos âmes atteint au sublime, — l'abnégation, le sacrifice, l'amour, la charité, — non tout de même ; devant cette hypothèse matérialiste, le bon sens se cabre.

Tout cela, qui donc l'a soufflé, à doses inégales, dans nos petites enveloppes d'un jour? On hésite même à admettre que ce soit Celui qui a créé si péniblement le monde visible et matériel au milieu de quoi notre vie se consume à se débattre : car Celui-là, j'oserai presque dire que, sous certains rapports, nous l'avons dépassé, puisque nous voici capables de le juger, de constater les erreurs de ses premiers essais et la puérilité de ses petites ruses inutiles. Non, tout cela, qui nous illumine de quelques rayons enchantés, dans notre affreuse nuit, tout cela nous est venu, nous ne saurons jamais d'où, mais assurément d'ailleurs, de plus loin et de plus haut...

Et voici un autre raisonnement, pour le moins aussi simpliste, et plus facile encore à battre en brèche, parce qu'il a une vague prétention de s'appuyer sur quelque chose comme une donnée précise ; — et cependant il me semble qu'il rassure. La science, il est depuis longtemps entendu, n'est-ce pas, qu'elle n'explique et n'expliquera jamais rien du tout, si ce n'est les bagatelles du seuil; plus elle marche, plus elle pénètre, et plus elle développe en avant de notre route les champs démesurés de l'inconcevable, plus elle nous apporte l'effroi, le vertige et l'horreur. Toutefois, dans les troublantes officines de ses investigations que nous appelons laboratoires, elle vient de faire une découverte qui n'a pas eu, semble-t-il, le retentissement mondial qu'elle mérite, mais d'où l'on peut déduire quelque espoir. Naguère encore on disait : la matière est divisible à l'infini. — Eh bien! il ne paraît plus que ce soit vrai pour la *matière organique*. On disait : aux yeux de la Nature, il n'y a pas des choses grandes et des choses petites; l'œuvre créatrice peut s'exercer jusqu'à l'infini, dans le petit comme dans le gigantesque, car les microscopes, à mesure qu'augmente leur grossissement, nous montrent toujours, toujours des organismes aussi compliqués chez de plus infimes microbes (qui sont, bien entendu, férocement armés pour en tuer d'autres), et, plus le grossissement augmentera, plus il nous en montrera encore, sans limite qui puisse être atteinte. Eh bien! ce n'était pas vrai : un moment arrive, un moment plein de révélations insondables, un moment très solennel, *où il n'y a plus rien*. En effet, on a découvert que si, entre deux surfaces absolument, mathématiquement planes et polies, on comprime, à l'excès, du plasma, il n'y reste plus ensuite aucun germe pouvant encore donner de la vie, même élémentaire, tout y est mort par écrasement, mort pour être devenu *trop petit;* il y a donc, dans la petitesse, une limite que la Nature créatrice ne peut plus franchir, et au-dessous de quoi tout son pouvoir, que l'on supposait souverain et innombrable, est en défaut.

Alors, si nous prenons pour exemple ces demi-êtres si spéciaux, déjà tout juste appréciables au microscope, dont la communion, au dire de la science, suffit à assurer la continuité des races, et en particulier de la race humaine, il faudrait, bien entendu, avec la thèse purement matérialiste, que chacun de ces atomes-là contînt, en plus des germes de toutes les hérédités physiques avec leurs plus menus détails, ceux encore de toutes les hérédités morales, le caractère, l'intelligence, le génie, la tendre pitié. Or, *matériellement*, il n'y a pas place en eux pour la millième partie de tout cela, — à moins de tomber à des dimensions bien au-dessous de celle que la Nature exige pour en tirer quoi que ce soit. Il est donc à tout prix nécessaire que ces atomes, qui incontestablement reproduiront tout un monde de vices ou de transcendantes qualités, aient été traversés, imprégnés, ennoblis pourrait-on dire, par un rayon échappant à toute mesure de poids ou de grandeur, autrement dit par un rayon *immatériel*...

L'immatériel ! Voici donc à quelle conclusion de portée incalculable me semblerait conduire cette expérience de l'écrasement, qui fut peut-être fortuite et passa presque inaperçue. Et, du moment que l'immatériel commence de s'indiquer à notre raison, tout s'éclaire, tous les espoirs deviennent possibles ; la terreur diminue ainsi que le vertige. Affranchis, si peu que ce soit, des accablantes forces physiques, délivrés du temps, des dimensions et de l'espace, nous avons moins peur des infinis vides, et de l'énormité des soleils, et de la vitesse de leur éternelle chute. Et, en attendant d'en savoir davantage, nous supportons déjà mieux, n'est-ce pas? cette fièvre brûlante qui sévit, de nos jours, avec délire et rage de tuerie, sur notre petite planète à bout de souffle.

Oh! certes, elles sont trop aisément attaquables, ces frêles conclusions, sans doute plus intuitives que déduites. Mais on m'accordera que celles du matérialisme exclusif, outre qu'elles nous poussent tout droit au suicide et au crime, ne tiennent pas davantage. Puisque nous avons maintenant acquis l'absolue certitude de ne jamais rien comprendre et de nous heurter de plus en plus au Terrible et à l'Absurde, dressés devant nous dans les ténèbres, j'incline plutôt à me rapprocher de ceux qui font confiance aveugle à nos grands ancêtres illuminés; ces fondateurs de nos religions, étant moins desséchés que nous par la science et les vaines agitations modernes, restaient beaucoup plus aptes à entrevoir directement le Divin. Qu'importe après tout que des adeptes d'autrefois, ameutés autour d'eux comme autour de sauveurs, aient trop encombré, de dogmes puérilement précis et d'images orientales, leurs révélations premières; passons au travers de tous ces apports qui rapetissent et qui éteignent; passons avec respect, mais passons, pour ne nous arrêter qu'à l'Espérance, qui nous attend peut-être encore derrière ces rideaux de vénérables nuages...

Ce n'est pas nouveau non plus, c'est au contraire connu et banal au possible, cette tentative de repli vers des espoirs anciens, après que l'on a constaté que partout ailleurs il n'y a que plus d'illogisme encore. Cependant j'ai tenu, avant de rentrer dans le silence de dessous terre, pour un temps que j'ignore, sinon pour l'éternité, j'ai tenu à en parler à ceux que je regarde comme mes vrais frères, à ceux qui, avec une anxieuse confiance, suivent l'évolution de mon entendement personnel, et vis-à-vis de qui je me sens charge d'âme.

Mais, hélas ! j'ai dit cela très mal, avec incohérence, et surtout beaucoup trop en hâte, entre deux séjours aux armées du front...

P. L.

FRAGMENTS

D'UN

JOURNAL INTIME

I. — VISIONS DES SOIRÉES TRÈS CHAUDES DE L'ÉTÉ

Juillet 1914.

A différentes époques de ma vie, espacées les unes des autres tantôt par des mois, tantôt par des années, j'ai eu des visions on ne peut plus diverses, mais toujours unies entre elles par cette sorte de lien inexplicable d'être filles des plus chauds et limpides crépuscules d'été, de n'apparaître que les soirs où la Terre s'endort d'une torpeur spéciale après s'être, dans le jour, pâmée sous l'ardent soleil, et de choisir ces heures où l'imprécision nocturne commence de tout envelopper, tandis qu'au ciel du couchant persistent ces bandes nuancées de rouge et d'orangé qui ressemblent aux reflets d'un incendie.

Le mot de vision convient mal, mais les langues humaines n'en ont pas d'autres pour mieux nommer ces choses fantomatiques, plutôt imaginées que vues. Soudainement, avec une commotion qui doit venir du *Grand Mystère d'en dessous*, on se dit : « Si pourtant je voyais *apparaître ça*, dans tel coin d'ombre... » et on se le dit avec une si particulière intensité que, pendant un instant insaisissable, on voit *ça*, esquissé à la place même où on redoutait de le voir.

De ces visions-là, quelques-unes m'ont très longtemps inquiété en souvenir, et en voici une de ma prime jeunesse, de mes quatorze ans, qui me poursuit encore. J'étais allé passer un de mes jeudis de collégien chez des amis de mes aïeules, un ménage d'octogénaires qui s'était retiré dans une maison de campagne isolée, à deux ou trois kilomètres de ma ville natale. Je les visitais rarement, parce que leur petit domaine était triste, triste, dans une désuétude sans grâce, et ce soir-là je les quittai aussitôt après dîner, ayant reçu la consigne d'être rentré en ville avant la nuit close; je ne comprends d'ailleurs pas comment, dans ma famille où l'on me veillait beaucoup trop comme un petit objet précieux, on avait pu admettre l'idée de ce retour, seul, au crépuscule.

La route traversait d'abord un bois de chênes, nommé le bois de Plantemort, parce que jadis, aux siècles passés, on y faisait, paraît-il, de très mauvaises rencontres. Je m'y engageai du reste sans la plus légère appréhension. C'était une soirée de juillet lumineuse et ardente, succédant à une journée torride ; les étés d'aujourd'hui me semblent avoir perdu cette splendeur, que je n'ai plus retrouvée qu'aux colonies. Tout le couchant était tendu d'une bande de feu rouge, qui par le haut se dégradait doucement à la manière des arcs-en-ciel, se fondait en un jaune d'or éclatant et puis en un vert merveilleux. On était grisé par l'odeur des chèvrefeuilles et de mille plantes surchauffées, et dans l'air montait en crescendo le concert frémissant des tout petits chanteurs de l'herbe.

A une cinquantaine de mètres en avant de moi, un sentier de dessous bois venait déboucher dans le grand chemin que je suivais... Et soudain, sous l'empire de quelque chose, ou de quelqu'un qui n'était pas moi-même, à ce coin de sentier, j'imaginai un personnage tout à fait imprévu, qui aussitôt se dessina, créé sans doute à mon appel... Son corps sans épaules était comme une sorte de bâton habillé, drapé dans une robe à traîne de couleur neutre. Il avait un peu plus que la taille humaine. Sa tête, énorme et tout en largeur, avec les gros yeux rejetés aux deux bouts, se tenait penchée, me regardant venir d'un air engageant et enjoué, mais fort suspect ; c'était, démesurément agrandie, une figure comme en ont les libellules, ou plutôt ces longs insectes étranges qu'on appelle des mantes religieuses. Cela m'attendait, cela souriait, et cela semblait dire : « Je ne me montre pas d'habitude, je réside dans mes cachettes au fond des bois, mais je viens de sortir, comme ça au crépuscule, pour ne pas manquer l'occasion de te voir passer. »

Une demi-seconde à peine, — et puis, plus rien. Quand j'arrivai devant cette entrée de sentier sous les chênes, cela n'y était plus, il va sans dire; mais tout de même, je ne continuai ma route qu'en me retournant de temps à autre pour regarder derrière moi.

Dans le vieux jardin de la Limoise, les soirs de ces magnifiques étés d'autrefois, plusieurs visions aussi furtives avaient précédé celle-là, vers ma huitième ou dixième année, mais en laissant de moins durables empreintes. Elles apparaissaient surtout quand on restait assis en silence, au crépuscule, sous certain berceau que des jasmins couvraient de mille petits bouquets de fleurs blanches, en saturant l'air de parfum. C'était à l'heure où les premières étoiles s'allumaient dans le ciel ardent, encore d'un rouge de braise, l'heure où l'on commençait, d'une façon plus particulière, à sentir l'enveloppement de ces bois de chênes âgés de plusieurs siècles, qui s'avançaient très près des murs bas et presque croulants de vétusté. On venait d'entendre, dans le lointain de l'air immobile et chaud, le tintement un peu fêlé, doux quand même et pour moi inoubliable, de l'Angélus, sonné au clocher roman du village d'Échillais. Alors, tout au fond du jardin, tout au bout de ces allées droites à la mode ancienne, bordées de buis ou de lavande, passait parfois, très estompé d'imprécision crépusculaire, un bonhomme en redingote noire (comme celle de mon professeur de latin), avec une figure de chauve-souris et de grandes oreilles dressées. Et il m'appelait de la main, par un petit geste discret et confidentiel... Presque toujours, ces visions-là essaient d'appeler, en prenant un air aimable et légèrement espiègle, mais qui ne vous donne quand même aucune envie de venir.

Je franchis maintenant beaucoup d'années, pendant lesquelles rien de frappant ne m'apparut, pour en venir à un été dont je ne sais plus exactement la date, mais qui devait être tout à la fin du siècle dernier. Au fond du grand jardin d'une maison de faubourg, j'étais assis, au beau crépuscule, en compagnie de trois tout petits garçons, d'un an, trois ans et cinq ans. Leur mère, qui était aussi là, tenait sur ses genoux le plus petit, qui ne voulait pas dormir et gardait obstinément ouverts ses yeux de jolie poupée. Aucun bruit ne nous venait de la ville toute proche et, depuis un instant, nous parlions à peine.

Ce soir-là, c'était l'odeur grisante des clématites qui dominait dans l'air; elles couvraient, comme d'une épaisse neige blanche, déjà un peu noyée d'ombre, le toit d'une vieille petite cabane rustique, presque maisonnette à lapins, dont la fenêtre ouverte, non loin de nous, laissait paraître l'intérieur tout noir.

Pauvre petit, aux larges yeux de poupée, qui ne fit qu'une si courte visite aux choses de ce monde! Je l'ai à peine connu la durée d'une saison, car il était né pendant un de mes voyages aux Indes et il fut emporté par une épidémie infantile pendant que j'étais en Chine. Pauvre tout petit, qui regardait fixement, comme hypnotisé, le dedans obscur de la cabane aux clématites! Jamais encore, je n'avais tant remarqué son *expression* et c'est toujours son image de cette fois-là que je retrouve en souvenir, quand je repense à lui. Voyait-il quelque chose, ou bien rien? Pensait-il déjà quelque chose, ou bien rien? Qui dira jamais ce qui s'éveille ou ne s'éveille pas dans ces mystérieuses petites ébauches de têtes humaines? L'un des deux autres, — celui de trois ans, tout chevelu de boucles blondes, — qui avait suivi son regard attentif, s'effara tout à coup devant la minuscule fenêtre : « Il y a une figure là! » dit-il. Et il répéta plus fort, d'une voix changée par la frayeur, en se jetant contre sa mère : « Si! Il y a une figure. Je te dis qu'il y a une figure! » Machinalement, je regardai aussi. Alors la figure m'apparut soudain, ridée, édentée, cadavérique, vieille femme aux longs cheveux ébouriffés, et, avant de s'effacer, elle prit le temps de cligner de l'œil, pour me faire signe de venir.

Bien entendu, je n'eus même pas l'idée d'entrer dans la cabane pour vérifier, étant d'avance parfaitement sûr de n'y trouver personne. Mais il fallut vite emmener l'enfant, qui avait trop peur pour rester là. Et combien j'aurais été curieux de savoir s'il s'était cru appelé, lui aussi! Cependant je n'osai pas le lui demander, par crainte de préciser et d'agrandir son épouvante.

Et maintenant voici la dernière de la série macabre, une vision qui diffère très peu des précédentes, si peu que je vais tomber dans des redites en cherchant à la fixer ici; elle a cependant de particulier qu'elle dégage une tristesse absolument indicible et inexplicable, tristesse dont je retrouve la trace dès que je me remets à y songer.

La vision, pour m'apparaître entre chien et loup, avait choisi une soirée où j'étais seul dans ma chambre et seul dans ma maison familiale. Cela se passait sur la fin d'un dimanche de juillet, par un très chaud crépuscule. Fenêtres grandes ouvertes, j'écrivais je ne sais quelles lettres, me hâtant parce que je n'y voyais plus, — et ne voulais pas allumer de lumière par crainte d'appeler les moustiques.

Le dimanche ne manque jamais d'apporter, sur ma maison vide, une aggravation de nostalgique silence, parce que c'est un usage établi de laisser ce jour-là tous les domestiques se promener, et l'on reste sous la garde d'une vieille femme qui se tient en bas, pas trop rassurée d'ailleurs quand la nuit tombe, et n'ayant d'autre mission que de veiller la porte de la rue, pour le cas très improbable où quelqu'un viendrait sonner. Il faut dire aussi, pour l'intelligence de cette puérile petite histoire, que je me suis choisi une chambre tout au fond de la maison, afin d'avoir plus de silence encore; elle donne sur une cour intérieure, au bout de laquelle est le pavillon de mon fils, et on est là comme dans une chartreuse, isolé même de la tranquille vie ambiante. Pour me tenir compagnie, pendant que j'écrivais mes lettres, longtemps j'avais eu la musique éperdue des martinets en tourbillon dans le ciel d'or, et puis ils étaient allés se coucher, cédant la place aux chauves-souris dont ma maison a toujours été hantée, et qui sont, comme on sait, de rapides petites bêtes en velours, fendant l'air sans jamais le plus léger bruit d'ailes.

Décidément je n'y voyais plus, et je restais là indécis, sentant une tristesse de solitude descendre sur mes épaules et m'envelopper comme un manteau. Avec un sentiment presque pénible, à mesure que le jour baissait, je songeais à tout ce qui *me séparait de la rue*, — une morne petite rue de province pourtant, et désertée sans doute à cette heure pour l'habituelle promenade du dimanche soir, mais tout de même une rue, *où d'autres gens existaient*, où se concentrait le peu de vie d'alentour. J'en étais vraiment loin, séparé par tant d'appartements inhabités et remplis de trop de souvenirs de chères mortes, enfilade de salons vides, chambres vides, chambres où personne n'avait plus couché depuis que des aïeules en étaient parties pour le cimetière. Oh! la lugubre chose, quand on s'y appesantit, d'avoir été *le plus jeune* et de rester le dernier de tout un groupe d'êtres qui vous avaient chéri pendant vos premières années... Et puis, ce jour-là, une sourde angoisse, que l'on osait à peine s'avouer à soi-même, oppressait toutes les âmes françaises. Des paroles ambiguës étaient arrivées de Berlin, l'officine des grandes fourberies, où plus que jamais semblaient se tramer d'abominables complots. Évidemment on se disait : « Non, ce n'est pas possible; la guerre est devenue infaisable à force d'horreur; aucun homme au monde, fût-ce même leur Kaiser sinistre, n'oserait déchaîner cela. » C'est égal, on traversait une fois de plus une période anxieuse, du fait de l'homme d'Agadir. Et la possibilité d'une telle chose, qui bouleverserait de fond en comble l'humanité, rendait plus profondes mes pensées, avivait pour moi davantage le regret de ces passés relativement calmes et doux, qui imprégnaient encore de leur souvenir la vieille maison.

J'allai m'accouder à ma fenêtre, et là un souffle très chaud du vent d'été m'apporta une odeur exquise, envoyée par certain chèvrefeuille que j'ai toute ma vie connu. Je regardais, en face de moi, le pavillon qui est la demeure de mon fils... Tiens! pourquoi les fenêtres de sa chambre à coucher, — au deuxième étage, au niveau de la mienne, — restaient-elles grandes ouvertes, puisqu'il était en voyage? Quelque oubli des domestiques sans doute; mais cela n'apportait aucune gaieté, au contraire, car, à cette heure bientôt nocturne, l'intérieur de la chambre naturellement était tout noir.

Avec une persistance involontaire, je me rappelai à nouveau toutes ces autres chambres vides, derrière moi, déjà plongées dans la vraie nuit, tandis qu'en avant j'avais ces cours, ces petits jardins, ces petits murs bas aux pierres grises et moussues, tout cela antérieur à mon existence, et si familier à mes premières années. Beaucoup de roses, certes, beaucoup de fleurs partout, et de plantes grimpantes, mais plus personne de vivant nulle part...

Le chèvrefeuille continuait d'embaumer, mais la tristesse d'être seul, dans cette chère maison jadis si doucement peuplée, m'accablait par trop... Et c'est alors que, sans crier gare, instantanément, là-bas, dans le cadre d'une fenêtre de la chambre de mon fils, se dessina un personnage tout à fait indésirable... Un grand vieux, trop grand, trop chevelu, voûté, horrible, un sourire équivoque découvrant ses dents trop longues... Il se tenait un peu en retrait dans l'ombre, comme n'osant pas affronter ce qui restait de lumière dehors...

Sous mon premier regard, il s'évanouit bien entendu comme une fumée; mais il avait eu le temps de m'appeler du doigt, de me faire signe : « Viens donc! Mais viens donc un peu me trouver! »

II. — LE CHANT DU DÉPART.

Le matin du 2 août 1914.

Oui, jusqu'à hier, jusqu'à la dernière minute, on continuait de se le dire : ce n'est pas possible, aucun homme au monde, fût-ce leur Kaiser, n'oserait plus déchaîner l'horreur sans nom d'une guerre moderne; ce n'est pas possible, donc *cela ne sera pas...*

Et il a osé, lui, et *cela est!* Chez ces lugubres atrophiés-là, des hérédités de despotisme sans frein ont tellement détruit tout sentiment de fraternité humaine, qu'ils n'hésitent plus devant un ou deux millions de morts, à jouer sur un coup de dés...

Ce matin, à mon réveil, quelqu'un, avec une brusquerie tragique, est venu me dire : « Ça y est!... Ils ont violé le Luxembourg! » La nouvelle a mis un peu de temps à me pénétrer jusqu'au fond de l'âme, en bousculant toutes les autres conceptions sur son passage... Et maintenant, on vit dans une sorte d'effervescence contenue et silencieuse; on a la mentalité de gens qui seraient avertis d'un cataclysme cosmique, d'une fin de monde, et on l'attend comme une chose inéluctable et immédiate, qui va tout à l'heure éclater aussi sûrement qu'une bombe déjà allumée, tandis que rien encore n'a troublé l'ordre ni le calme ambiants.

Le calme, je crois qu'il n'avait jamais été si absolu que ce matin, sur ma petite ville de province toute blanche au soleil d'août. Par mes fenêtres, ouvertes sur les cours enguirlandées de verdure, aucun bruit ne m'arrive, que le chant des hirondelles, qui délirent de joie parce qu'il fait radieusement beau. Et cependant, ici comme partout ailleurs, d'un bout à l'autre de notre France, il doit y avoir affairement, angoisse et fièvre, dans toutes les maisons, dans toutes les casernes, dans tous les arsenaux. Dans toutes les âmes françaises, un grand tumulte doit bouillonner comme dans la mienne... Alors, c'est si déconcertant, cette tranquillité persistante des choses d'alentour, et ces chants joyeux des petits oiseaux de mes murailles...

L'après-midi du 2 août.

Mon fils est rentré, à l'appel de la dépêche que je lui avais lancée la veille, prévoyant, sinon la guerre, du moins la mobilisation générale. Pour seulement quelques heures, il est revenu habiter son petit logis, là-bas, en face de ma chambre, — ce pavillon où m'était apparu un soir le futile et ridicule fantôme, mais qui est aujourd'hui si inondé d'incisive lumière. Je le vois passer et repasser devant sa fenêtre, occupé à faire préparer ses tenues de soldat qui dormaient depuis quelques mois, depuis qu'il avait fini son service d'artilleur. Il partira demain pour rejoindre son corps, et puis s'en aller à la plus effroyable des guerres. Je sais cela et je l'admets maintenant avec une soumission stupéfiante; vraiment, les premières minutes de trouble et de révolte une fois passées, on est comme anesthésié devant le fait accompli, on ne se reconnaît plus soi-même.

Les tenues militaires! Dans la lingerie de la maison, les miennes aussi viennent d'être dépliées et prennent le soleil. Je suis allé les revoir, épaulettes, ceinturon, sabre, dorures encore fraîches et éclatantes, que j'ai saluées avec une émotion de fête. Quel prestige, quel magique pouvoir ils gardent encore, ces harnais qui brillent, et qui sont, en somme, un legs des temps plus primitifs où l'on se parait naïvement pour les batailles!

Demain, quand je devrai me remettre en uniforme, sans doute par une journée brûlante comme aujourd'hui, ce sera la tenue coloniale en blanc qu'il me faudra prendre, la tenue, du reste, que j'aimais le plus, celle qui était le plus mêlée aux souvenirs de ma jeunesse errante, celle à qui j'avais dit adieu avec la plus intime tristesse. Je croyais si bien les avoir ensevelies pour jamais, ces vestes de toile, — fabriquées là-bas par les Chinois de la rue Catinat, à Saïgon, comme en ont tous les officiers de marine, — ces inusables vestes de toile qui avaient tant connu le soleil des tropiques, et auxquelles je tenais comme à des fétiches. Il semblait que rien n'aurait plus le pouvoir de me les rendre, et cependant voilà, elles sont prêtes, elles aussi, bien blanches, repassées de frais, et ornées comme jadis de leurs insignes en dorures toutes neuves. Enfantillage, certes, je le reconnais, mais quelle réalisation inespérée d'un rêve, quelle joie et quel rajeunissement de revêtir cela demain, et, ainsi transformé, de me diriger, par les petites rues, éblouissantes sous la lumière du matin d'août, vers notre vieille Préfecture, pour me présenter à l'amiral, comme autrefois au moment de mes grands départs pour la mer! C'est tout un cher passé qui renaîtra, quand je le croyais aboli sans retour...

Elle sera bien peu maritime, cette guerre, probablement; mais puisse-t-elle l'être assez pour que mon tour vienne d'être appelé à servir à bord. Oh! revivre de cette vie qui fut la mienne pendant mes belles années, en revivre peu de temps, sans doute, car les tueries vont marcher effroyablement vite, mais en revivre quelques mois, et, qui sait, trouver peut-être la seule mort qui ne soit pas lugubre et ne fasse pas peur!...

Cette suprême journée d'attente, on voudrait l'employer à des choses graves ou seulement rationnelles, comme par exemple ranger des papiers, ou passer en revue de chers objets de souvenir en leur disant un éventuel adieu, ou plutôt écrire des recommandations, des lettres sérieuses... Mais non, à côté de la grande tourmente qui s'approche, tout paraît également vain, petit, négligeable, et l'esprit ne s'arrête aujourd'hui qu'à des futilités. Même avec mon fils, il me semble que je n'ai rien à dire, rien qui soit digne de rompre notre méditatif silence, et d'ailleurs rien qu'il ne sente et ne sache déjà comme moi. Et les heures se traînent, longues, tranquilles, vides. Comme toutes les après-midi d'été, à cause du soleil, j'ai fermé les persiennes de ma chambre et aucun bruit ne m'arrive de la petite ville endormie; j'entends seulement bourdonner les abeilles qui, suivant leur habitude, sont entrées chez moi. Et, à la fin, cet excès de calme dans les entours est pénible, il cadre mal, il déroute et il oppresse; on aimerait mieux de l'agitation, des cris, des fusillades.

Donc, demain, redevenir militaire! Autrement dit, faire abstraction de sa personnalité, redevenir un rouage obéissant, en même temps qu'un rouage aveuglément obéi. Et aujourd'hui déjà on n'est plus soi-même, on n'est plus un *être séparé*, on n'est plus *l'être distinct des autres* que l'on était hier, on est une partie de ce grand tout qui s'appelle la France. On se sent porté à tous les sacrifices, on s'imagine être capable de tous les héroïsmes. Et peu à peu on commencé de respirer avec une sorte d'ivresse ce vent d'aventure qui se lève...

Le soir du 2 août.

Sur la fin de cette journée d'engourdissement torride, le ciel devient noir, le tonnerre gronde, et on croirait le prélude des grandes canonnades. De larges gouttes d'eau tombent, et puis hésitent, s'arrêtent comme si les nuages tenaient conseil, perplexes eux aussi, et troublés.

Vers huit heures, quand la nuit est tout à fait venue, je sors pour une promenade avec mon fils, la dernière de longtemps sans doute, puisqu'il doit demain matin quitter la maison au petit jour pour rejoindre son corps. — Hélas! des milliers et des milliers d'autres *fils*, dans toutes les villes et les villages de France, à ces mêmes heures de demain matin, quitteront aussi le toit paternel pour aller à la rencontre des Barbares. Oh! pauvres enfants de France, appelés à la frontière, — happés, pourrait-on dire, — par le hideux Minotaure de Berlin!

Dehors, les rues sont vides; les trottoirs mouillés et luisants reflètent les quelques lumières suspendues. Il fait une chaleur lourde et humide comme à Saïgon! de temps à autre, des gouttes larges continuent de tomber du ciel épais. Je ne les avais jamais vues si désertes, ces inchangeables petites rues de mon enfance; mais on y entend une grande clameur, d'abord lointaine et qui se rapproche. Ah! on dirait un cortège qui, de l'autre bout de la ville, s'avance en chantant : des milliers d'hommes, qui vont vite, vite comme des fous, agitant des lanternes au bout de bâtons. Ce sont des matelots pour la plupart, des soldats ou de jeunes conscrits de demain, et ce qu'ils chantent, c'est le *Chant du Départ :* « Par la voix du canon d'alarme, la France appelle ses enfants. »

Ils arrivent près de nous, et maintenant voici qu'ils crient, en marchant en mesure, avec une espèce de rage : « A Berlin! A Berlin! » sur le rythme vulgaire et féroce des *Lampions.* Des femmes suivent, marchent vite elles aussi, courant presque, pour ne pas se laisser distancer, mais elles sont muettes et sans joie : des mères, des sœurs, des fiancées.

A Berlin, nous n'y sommes pas encore, et ce cri est plutôt pour serrer le cœur. Comme on aimait mieux l'hymne magnifique qu'ils chantaient d'abord... Ah! voici qu'ils le reprennent : « La victoire, en chantant, nous ouvre la barrière... » et pour un peu, ce soir, ces paroles feraient couler de bonnes larmes... Hélas! de tous ceux qui chantent et qui dansent sous ce ciel d'orage, de tous ces jeunes, de tous ces enfants de France, quand la guerre sera finie, dans deux mois, dans trois peut-être, quand l'effroyable carnage cessera par épuisement, combien en restera-t-il ayant encore une voix pour chanter, et des jambes pour courir?

Et songer que c'est un seul homme et un misérable dément, qui a déchaîné tout cela! Il vit à des centaines de lieues de nous, là-bas à Berlin; mais à lui est échu, et stupidement échu par héritage, ce pouvoir, dont il était mille fois indigne, de prononcer une parole à répercussion formidable ; une parole qui est venue jusqu'ici soulever le tumulte de ce soir et nous troubler tous au tréfonds de l'âme ! Oh ! quelle condamnation sans appel de cette antique et par trop naïve erreur humaine, qui, au xxe siècle, peut donc persister encore : Confier le sort de tout un peuple, avec le droit sans contrôle de déclarer la guerre, confier cela à un seul être, et à un être aveuglément désigné par le hasard de sa naissance, fût-ce même un dégénéré et un fou comme ce Guillaume II, ou comme ce jeune produit plus morbide encore qui espère lui succéder !...

Sur le pauvre cortège de matelots et de soldats qui chantaient à tue-tête pour s'étourdir, voici tout à coup la pluie d'orage qui tombe torrentielle, dispersant les groupes, éteignant les lanternes et les voix. Et nous aussi, il faut rentrer, rentrer et essayer de dormir, — d'autant plus qu'il y aura ce départ, demain matin au petit jour...

Ce départ, c'est la pensée qui revient sans cesse, quoi que l'on fasse pour s'en détourner... Et comment dire ce qui se passe en nous-mêmes, tandis que nous rentrons sous l'ondée ! Comment le définir, ce mélange d'indignation, d'horreur, d'angoisse, — et quand même, sans qu'on ose se l'avouer, de presque joyeuse impatience !

LORMONT (GEORGES)

DE LA CLASSE 1912 (24 ANS), SERGENT AU 121ᵉ DE LIGNE

Septembre 1916.

Depuis trois mois, il vivait dans la grande salle aux boiseries blanc et or qui avait été l'un des salons d'un hôtel princier, et on s'était habitué à voir là, posée sur l'oreiller du lit n° 5, sa jeune tête qui se devinait très belle, malgré les bandelettes si obstinément épinglées autour du front pour cacher les yeux. Un soir, dans cette élégante ambulance parisienne, on l'avait apporté sur une civière, amaigri, brûlant de fièvre, en loques sanglantes, et la tête tout enveloppée de linges sordides à grandes taches rouges. Mais aujourd'hui, bien pansé, bien lavé, il avait repris santé et sourire. Et, parmi les belles dames infirmières, il semblait presque dans son milieu, lui enfant de la campagne cependant, mais qu'une certaine distinction naturelle, une noblesse innée avaient toujours empêché d'être vulgaire. Il était du reste très soigné de sa personne ; le matin, après la visite du barbier, il se passait la main sur les joues afin de vérifier si elles étaient bien rasées et il retroussait avec coquetterie ses longues moustaches blondes : tout cela, pour ne pas causer de répugnance à ces infirmières, qu'il n'avait encore jamais vues à cause de l'inexorable bandeau du pansement, mais qu'il se représentait charmantes. Maintenant d'ailleurs, il les reconnaissait tout de suite, même avant qu'elles eussent parlé, rien qu'au parfum discret qu'elles exhalaient, ou bien au simple contact de leurs doigts si doux, et il avait un « flirt » avec l'une d'elles, — qui se faisait appeler madame Paule, mais qui en réalité portait un des grands noms de France ; on lui avait appris le sens de ce mot flirt, nouveau pour lui, et la si innocente aventure amusait tout le monde, dans cette salle où la Directrice s'efforçait de ramener toujours un peu de saine gaieté favorable aux convalescences.

Un jour, on lui permit de se lever, de s'asseoir dans un fauteuil, et enfin d'aller jusqu'au jardin, au bras de cette infirmière préférée, qui sentait si délicatement bon et dont la voix le charmait plus que la voix de toutes les autres. Alors la vie lui parut vraiment très agréable, en attendant l'heure bénie de s'évader de là, pour recommencer à agir en plein air et en pleine lumière. Cette *permission*, à laquelle sa blessure lui donnait droit, allait tomber justement en mai ou juin, quand les jardinets de son village vendéen sont tout pleins de roses... S'il allait être défiguré, pourtant!... Mais non, l'infirmière l'avait bien tranquillisé là-dessus...

Et avec quelle ivresse il songeait à ce retour... Le premier dimanche où il irait à la grand'messe, avec sa maman en coiffe de fête... Les gens qui se retourneraient pour regarder les beaux galons d'or en biais sur sa manche, et la belle croix de guerre sur sa poitrine!...

C'était chaque après-midi maintenant qu'on lui accordait une promenade au soleil d'avril, en donnant le bras à l'amie dont il n'imaginait pas du tout la chevelure déjà très blanche et qui de plus en plus l'ensorcelait à la manière d'une bonne fée... Mais ce bandeau toujours! Quand donc pourrait-il seulement le soulever, rien qu'une seconde, pour entrevoir au moins la plus petite lueur du soleil de printemps! « Ça, je te le défends, par exemple, disait-elle avec une intonation de grande sœur qui va se fâcher. C'est trop tôt, tu compromettrais tout. Patiente encore une quinzaine de jours. Et jure-moi bien que, d'ici là, tu n'essaieras pas, sans quoi, c'est fini, je ne reviens plus. » Elle employait avec lui ce tutoiement de guerre, qui est d'usage dans beaucoup d'ambulances, un peu puéril peut-être, mais souvent très doux au cœur des grands enfants blessés.

***

Au bout des quinze jours, avec plus de trouble que la première fois, elle demanda encore une semaine, et alors le frisson d'une angoisse inconnue traversa l'âme simple et jolie du soldat. Pourquoi se troublait-elle aujourd'hui pour répondre? Et puis, pourquoi toujours ces petites comédies pour les pansements? « C'était très difficile, disait-elle, parce qu'il fallait les faire dans l'obscurité, contrevents fermés, à tâtons, par crainte de la moindre lueur pour ses yeux encore trop faibles. » Comme s'il ne s'apercevait pas, lui, au contraire, que c'était de jour en jour plus simple, de changer ces mousselines qui n'adhéraient plus; comme s'il ne sentait pas que toute souffrance était presque passée et que les plaies se desséchaient? Alors, pourquoi tant d'histoires?

Son amie la grande dame l'avait mené aujourd'hui à un banc du jardin, lui disant de l'attendre, qu'elle allait revenir. Et là, dehors, une tiède caresse du soleil d'avril lui chauffait en plein les joues. Oh! ce soleil, il aurait tant voulu le voir!

Des oiseaux chantaient, dans les branches de cet enclos parisien comme au milieu des bois, et, depuis un instant, il restait docile à les écouter, lorsqu'une voix à peine saisissable chuchota en passant : « A quoi songe-t-elle? Il va pourtant falloir qu'elle se décide à lui dire... » Aussitôt une intuition l'avertit qu'il s'agissait de lui-même, et il trembla de la tête aux pieds. « Se décider à lui dire... » A lui dire quoi, mon Dieu?... Oh! savoir! Au risque de tout, savoir! Savoir ce qui lui restait de vue! Tant pis pour l'éblouissement, qui allait peut-être tout aggraver, tout compromettre, mais au moins il serait fixé, et il l'aurait revu, ce soleil, ne fût-ce que dans un instant de douloureuse brûlure... Alors, il se redressa, face à cette grande lumière devinée là-haut, et, d'une main brutale, arracha violemment tout ce qui lui enveloppait la tête.

L'éblouissement ne vint pas, non... Il faisait toujours nuit... « Alors, c'est qu'il y a encore quelque chose — pensa-t-il, vite comme un éclair — encore quelque chose de tout ce qu'ils m'avaient attaché sur les yeux. » Et sa main remonta, comme furieuse cette fois, pour finir d'arracher... Mais non, rien, il n'y avait plus rien...

Horreur! Il n'y avait plus rien, et il faisait toujours nuit! Ses yeux, mais on dirait qu'ils n'y étaient plus!... Sous les sourcils restés à peu près en place, ses doigts s'enfonçaient comme dans des creux qu'il ne se connaissait pas... Ses yeux, qu'en avait-on fait, de ses yeux! En une seconde, l'irréparable, le définitif lui apparut avec une évidence atroce, et un long cri, affreux à entendre, sortit de sa poitrine, en même temps qu'il se tordait les bras.

**

Ce cri de l'infinie détresse, qui avait déchiré le silence du jardin d'hôpital, elle l'avait entendu, elle; un instinct lui avait fait reconnaître la voix, et tout deviner. Quand elle arriva, tremblante autant que lui-même, pour tenter de lui apporter son inutile secours, elle le vit qui gisait sur son banc, comme écrasé là par un coup de massue, tandis que le soleil rayonnait, tranquille et doux, sur son beau visage d'aveugle, découvert pour la première fois. Et d'abord, d'un mouvement irraisonné pour essayer de le tromper comme avant, elle jeta les deux mains sur ces places vides où jadis avaient brillé de grands yeux de naïveté ardente : « Mon enfant, disait-elle... Oh! mon pauvre enfant, qu'avez-vous fait? Je vous l'aurais appris bientôt, moi, mais pas cruellement comme ça... » Maintenant elle ne le tutoyait plus; cette puérilité, bonne pour les autres, ne lui semblait plus possible entre eux, et ce *vous* les rapprochait au contraire davantage, en le haussant jusqu'à elle, lui ce fils de petits laboureurs de Vendée. Mais il l'avait repoussée avec brutalité, sans une réponse, sans même un reproche pour lui avoir si longtemps menti, sans même un gémissement, figé soudain dans ce farouche silence que les paysans ont l'habitude de garder aux heures tragiques de leur vie. Sans prendre plus garde, que si elle n'existait pas, à cette femme assise à ses côtés et qui pleurait, peu à peu, peu à peu, comme par degrés, il plongeait sa pensée tout au fond de l'abîme noir qui venait de s'ouvrir devant sa route; l'un après l'autre, il repassait ses espoirs de jadis, tous ses modestes rêves qui, chacun à son tour, s'écroulaient dans les inexorables ténèbres. Le retour au village, oui, il le faudrait bien, mais un retour pour n'en plus sortir, avec une figure qui peut-être ferait peur à voir, un retour d'aveugle, des promenades d'aveugle, avec un bâton, ou guidé par la main de quelque enfant... Et l'avenir, tout l'avenir jusqu'à la mort, dans l'épaisse nuit, déjà pareille à la nuit de dessous terre!... Chaque rappel d'une chose à laquelle il lui faudrait renoncer sans recours lui donnait au cœur une secousse horrible. Mais l'image qui, de plus en plus, primait toutes les autres, qui revenait sans cesse lui apporter la plus insoutenable envie de mourir, était celle d'une jeune fille à laquelle, jusqu'à ce jour, il n'avait pas cru tenir si souverainement. Donc, jamais il ne la serrerait dans ses bras, celle-là, jamais il ne l'embrasserait, jamais plus il ne la verrait, tout en la sachant vivante, et mariée à quelque autre sans doute; elle lui faisait l'effet de se reculer, se reculer dans d'inapprochables lointains; graduellement elle le fuyait, pour l'éternité...

Des minutes coulèrent, des minutes et des

minutes, presque une demi-heure, sans que la dame au voile blanc, si jolie encore sous sa chevelure grise, osât rien faire, rien dire, pour rompre ce mutisme et cette immobilité. Dans l'ambulance, on avait entendu le grand cri et tout le monde savait. Les habituels promeneurs de ce jardin enclos, les autres blessés, ceux à qui la mitraille du kaiser avait laissé un œil pour se conduire, ou bien ceux qui ne marchaient plus qu'au bras d'une infirmière, évitaient de s'approcher de leur banc; un immense respect entourait leur groupe morne et, à cause d'eux, on marchait à pas assourdis.

Cependant la violence exaspérée du début s'éteignait dans l'âme du pauvre petit soldat, une détente s'indiquait sur son visage moins contracté; alors son amie lui prit la main, qui brûlait d'une grande fièvre, mais qu'il ne retira pas. Et tout à coup, se penchant vers elle, il laissa tomber la tête sur sa gorge élégante, drapée de fine toile blanche... — Elle avait un fils dans les tranchées, elle aussi, la grande dame, et un fils qui justement ressemblait à ce garçon des champs, en moins beau peut-être, en moins vigoureux, mais qui lui ressemblait beaucoup. C'est pourquoi, à ce jeune front sans yeux qui s'abandonnait, elle fit un maternel accueil; de son mieux elle l'installa sur l'oreiller tiède et un peu palpitant qu'il s'était choisi, et, sans rien dire, lui permit de pleurer là aussi longtemps qu'il eut des larmes.

Tout à fait finie, sa grande révolte; il était redevenu doux comme un petit enfant, sans résistance, sans volonté, livré absolument à cette sollicitude de mère. Il se laissa ramener dans la belle salle dorée, il se laissa coucher et consentit à boire une tisane où son amie, sans le lui dire, avait versé une substance endormeuse.

*_**

La nuit à présent était tombée sur l'ambulance, et on y voyait à peine dans la salle où des veilleuses s'allumaient. Pour sa première nuit d'aveugle, il dormait d'un profond sommeil artificiel, lui, Lormont, Georges, ex-sergent au 121ᵉ de ligne, aujourd'hui épave humaine qui n'avait même pas pu mourir, et son amie, assise à son chevet, n'osait pas lui retirer la main qu'il tenait dans les siennes. Alors une petite infirmière toute blanche et toute svelte s'avança vers cette autre forme aussi blanche qui veillait dans la chaise près du lit n° 5 : « Cela vous a brisée, madame la duchesse, dit-elle à voix basse. Allez vous reposer à présent, de grâce, puisqu'il dort... Regardez comme il dort bien. »

Et la duchesse répondit : « Me coucher, non... Voyez-vous, il y aura l'horreur de son premier réveil, quand, pour la première fois, il se rappellera... Je ne peux pas le laisser seul à un pareil moment, puisque ma présence le console... Allez dire, ma chère enfant, qu'on m'apporte un des grands fauteuils, vous savez, — et c'est ici que je dormirai. »

Une lourde angoisse pesait sur cette salle, d'apparence si calme et si jolie, éclairée discrètement par des veilleuses roses. De temps à autre, un trop long soupir, ou une plainte, même un cri s'échappait d'une poitrine. C'était la salle consacrée à ceux qui n'avaient plus d'yeux. De par le crime du Monstre de Berlin, les soldats étendus sur ces lits bien blancs venaient d'être, en pleine jeunesse, jetés dans la nuit éternelle : quelques-uns le savaient, d'autres, que l'on trompait encore, vivaient dans la terreur de l'apprendre. Tous ces humbles dormeurs avaient des réveils en soubresauts, accompagnés inexorablement par des rappels de souffrance et d'effroi [1]...

---

[1]. On s'en occupe déjà beaucoup, de nos soldats aveugles, je le sais bien, pour leur trouver du travail, leur assurer l'existence matérielle; mais il faudrait aussi les distraire de leur déchéance affreuse, en faisant pénétrer dans leur nuit de belles images colorées, en les intéressant à des aventures réelles ou imaginaires, qui leur apporteraient la diversion et l'oubli; ce serait au moins aussi utile que de leur donner du pain.

Or, cette petite histoire du sergent Lormont, qui est une entre mille, je l'ai notée sur la prière d'un aveugle éminent, M. Maurice de la Sizeranne, je l'ai notée pour attirer un peu l'attention sur son œuvre admirable, car il a consacré sa vie aux autres aveugles ses frères. Il dirige et il enrichit, par tous les moyens en son pouvoir, une bibliothèque pour ceux qui lisent sans yeux, qui lisent en promenant les doigts sur des feuillets blancs piqués d'innombrables trous d'épingle.

Qui dira tout le bien qu'il a déjà fait, en rendant à tant et tant de pauvres êtres, isolés dans leur nuit, cette joie de lire? Mais sa bibliothèque, qui suffisait à peine avant la guerre, se trouve aujourd'hui n'avoir plus le quart des volumes qu'il faudrait. Quand nos combattants, aveugles d'hier, ont été amenés là, au bras de quelqu'un, pour emprunter de ces livres spéciaux à leur usage, souvent ensuite ils s'en retournent déçus et plus tristes : on a été obligé de leur en refuser, parce qu'ils étaient tous en lecture, — et l'argent manque pour en préparer d'autres.

On a déjà tant donné, dans notre pays, donné à pleines mains pour nos blessés, que l'on donnera bien encore, il me semble, pour apporter un peu de détente et d'enchantement aux plus terriblement touchés d'eux tous, à ceux qui n'y voient plus. Si l'on n'a pas déjà souscrit davantage pour cette œuvre, c'est surtout, j'en suis convaincu, parce qu'on n'y pensait pas, parce qu'on ne savait pas. Je demande donc, ici, que l'on vienne au secours de la si précieuse bibliothèque, que la guerre, hélas! n'a que trop mise à l'ordre du jour.

NOS MATELOTS

(Allocution prononcée à la Comédie-Française en juin 1916, au début de la représentation de gala donnée pour nos matelots.)

Je ne voulais jamais plus à aucun prix, — j'en avais même fait le serment, — reparaître en public, et pourtant me voici ! C'est que notre cher ministre de la Marine a bien voulu me prier lui-même. « Venez, m'a-t-il dit, parlez encore une fois de nos matelots, et parlez-en avec tout votre cœur. » Alors comment refuser, surtout quand la cause est si belle !...

... Parler de nos matelots, mais je l'ai fait toute ma vie. Je leur dois ce que je suis, je leur dois tout, car, dans mon œuvre, la seule partie qui vaille peut-être, est celle qu'ils m'ont inspirée. Pendant près d'un demi-siècle j'ai vécu avec eux, je les ai suivis d'un regard fraternel, aussi bien dans leurs naïfs égarements et les violences de leurs courtes joies, que dans leurs austérités coutumières, dans leurs inlassables résignations et leurs renoncements sublimes. Je me suis penché même sur les plus humbles d'entre eux et les plus primitifs, — et, malgré les apparentes distances, que leur tact naturel sait toujours respecter, ils ont été mes compagnons les plus fidèles, les plus affectueux, et je puis presque dire les plus chers.

Pour moi, cette appellation de « matelot » s'applique surtout, bien entendu, à ceux qui le sont de père en fils, ceux qui le sont de race pure, germés au vent de la mer, éclos dans les villages de nos côtes, et, dès l'enfance, petits mousses dans nos barques de pêche, jusqu'à l'heure où le recrutement maritime nous les amène sur nos navires de guerre. Ce sont ceux-là, les vrais, et ils forment dans notre nation comme une caste à part, j'oserai presque dire une élite; il semble que des hérédités de lutte, de souffrance, de continuelle abnégation, et aussi des hérédités de rêve et de candeur, les aient d'avance trempés autrement que les autres hommes. Ensuite, c'est la mer qui est là, leur grande éducatrice terrible et splendide, qui les prend, et qui commence tout de suite de les ennoblir; pour chasser de leurs jeunes âmes la mesquinerie et la crainte, elle les enveloppe de sa magnificence et de son horreur; à l'école du danger, ils apprennent le dévouement mutuel et la vraie fraternité. Et un peu plus tard enfin, à leur arrivée dans la marine militaire, la saine discipline — qui chez nous n'est ni aveugle ni brutale comme chez les barbares d'Allemagne — la saine discipline tempérée de sympathie, les accueille pour en faire ces hommes, pour la plupart incomparables, dont le courage silencieux et simple ne bronche plus devant la mort.

J'ai dit que, par ce nom de « matelot », j'entendais en première ligne ceux que de longs atavismes ont préparés à le porter, avec la noblesse, — et aussi la désinvolture spéciale qui lui conviennent. Mais je serais injuste en me montrant trop exclusif. En effet, il semble qu'il y ait une sorte de belle contagion du sacrifice et de l'héroïsme à laquelle n'échappent jamais tout à fait ces autres jeunes garçons venus de nos provinces de l'intérieur et que les hasards de leur destinée nous amènent; on dirait parfois qu'il suffise du grand col bleu jeté sur leurs épaules pour remonter peu à peu leur âme à l'unisson de celle des enfants de la mer. Et, parmi ces braves intrus, qui plus que jamais nous envahissent, j'en ai rencontré qui savaient se former à l'image des matelots de race, acquérir même leur tournure d'esprit, et, devant le danger, devenir aussi des êtres simplement admirables. Mais cela n'empêche pas que ce soit toujours eux, les vrais, ceux des côtes, à qui nous sommes débiteurs du miracle de ces transformations.

*
* *

Nos matelots!... Un demi-siècle, disais-je, a passé, hélas! depuis le jour de ma première apparition au milieu d'eux. J'y semblais si peu préparé, par mon enfance trop adulée, que de vieux capitaines de vaisseau d'alors — de vieux héros de la marine à voile, déjà surannés en ce temps-là et qui seraient comme des préhistoriques aujourd'hui — s'en étaient inquiétés beaucoup. « Mon petit enfant, m'avaient-ils dit, on ne t'a guère donné la trempe qu'il faudrait pour jouer ce rôle; défie-toi de te laisser déconcerter par la rudesse de nos matelots. Et plus tard, si tu as l'honneur de les commander, n'oublie jamais ce qu'ils valent, rappelle-toi surtout qu'aux heures de péril ils mériteraient souvent que l'on ployât le genou devant eux. » Et, ce disant, ces vieux chefs retraités, qui avaient connu Trafalgar, Aboukir, la *Sémillante*, la *Méduse*, les temps épiques de l'ancienne marine, ces vieillards dont le visage paraissait si dur, étaient capables d'avoir les yeux humides de larmes, au souvenir de leurs équipages d'autrefois.

En ce qui me concerne cependant, ils se trompaient; avec nos matelots, mon entente au contraire fut si facile! Sous les manières rudes, je distinguai vite des délicatesses exquises et, entre nous, la sympathie s'établit tout de suite, peut-être à cause de nos contrastes mêmes, mais surtout grâce à des points communs de rêve et d'enfantillage, qu'en ce temps-là j'avais encore avec eux. A l'époque où j'ai fait mon entrée sur nos navires, tout jeune et bien moins préparé en effet que la plupart de mes camarades, nous, les aspirants-officiers, nous vivions beaucoup plus qu'il n'est d'usage aujourd'hui en contact avec les grands cols bleus. D'abord il y avait, là-haut en l'air, ces hunes, si fort balancées par la houle, qui étaient notre domaine officiel comme le leur et où nous apprenions à les connaître. Et puis, dans les traversées plus longues que de nos jours, il était admis que, par les beaux soirs tranquilles du large, nous allions parfois, tous les midships ensemble, nous asseoir en leur compagnie, dans cette partie du navire qui leur était réservée, à l'extrême-avant, près de la poupe bondissante et saupoudrée d'embruns salés. Là, nous nous amusions à écouter les histoires prodigieuses de leurs conteurs attitrés, ou bien les mille couplets de leurs vieilles chansons reprises en chœur à pleine voix. Nous aimions jusqu'à leurs reparties prime-sautières, toujours imprévues, leur genre de bonne gaieté et les plaisanteries naïves qui les faisaient tant rire.

Ce que je constatai tout d'abord, non sans surprise, c'est qu'ils étaient essentiellement *des sages*... Oui, des sages, si paradoxal que cela puisse paraître aux terriens, qui, dans certaines rues de nos ports de guerre, ont pu les rencontrer le soir, lors de leurs promenades, un peu bruyantes, j'en conviens. Mais ces tapages nocturnes, qu'ils exécutaient naguère encore avec une si incontestable maestria, ne représentent que de très courts intermèdes au milieu de leurs quasi-éternités d'abstinence et d'ascétisme. Non, c'est à bord qu'il faut les voir, tranquilles et doux, acceptant sans murmures, en philosophes, les jours comme ils viennent; sans cesse ponctuels, dispos, alertes. Et avec cela si ménagers de leurs petites affaires, pour en prolonger la durée, prenant de leurs modestes costumes des soins dont on sourirait si l'on n'en était touché, les raccommodant, les lavant, et toujours trouvant le moyen d'être si propres, avec le minimum possible de leur savon grossier. Sur toutes choses ils économisent, pour pouvoir arrondir cette « délègue » qui représente l'une de leurs plus chères préoccupations. (La « délègue », c'est la somme que l'on envoie de loin, quelquefois de l'autre bout du monde, à quelque vieille maman, ou bien à une épouse que l'on ne voit pour ainsi dire jamais, à des petits enfants que l'on connaît à peine ou même pas du tout.)

En dehors de ces petits côtés de leur vie monacale, détails si singuliers, que j'observai dès l'abord avec un amusement un peu attendri, je commençai bientôt à profondément les admirer, pour la grandeur presque surhumaine de leur courage.

Oh! lorsque, plus tard, l'honneur m'échut à mon tour de les commander, je me les rappelle si magnifiques, par ces grands mauvais temps où, naguère, le sort du navire se réglait dans la mâture! Le plus souvent, comme par un fait exprès, c'était en pleine nuit qu'il fallait grimper, et se débattre là-haut, se cramponnant d'une main, travaillant de l'autre, dans le bruit trop terrible de ces rafales qui arrêtent et affolent les poumons, au milieu de ce tohu-bohu de cordages cinglants, et d'eau froide lancée par paquets, et d'immenses voiles plus dures que du cuir, qui se gonflent, se tordent, se cabrent comme par fureur, pour vous désarçonner, pour vous *désagripper* des vergues déjà si perfidement balancées, et puis vous jeter, ainsi qu'une petite chose négligeable et perdue, au fond des grands abîmes mouvants et noirs d'en dessous... Il n'y a pas de mots pour rendre l'horreur de certaines nuits mauvaises, à la mer, pas de mots pour glorifier ces hommes et leurs luttes de colosses contre des voiles trop lourdes et trop grandes qu'il faut comprimer à tout prix. Plus d'une fois, quand ils redescendaient des hunes, après de longues heures d'épuisants efforts, trempés jusqu'à la peau, blêmes et claquant des dents, plus d'une fois il m'est arrivé de serrer avec dévotion leurs pauvres mains glacées et saignantes, aux ongles décollés ou arrachés par ces grosses toiles rugueuses que la mouillure avait rendues plus intraitables. Mais eux, ils trouvaient cela tout naturel, ce qu'ils venaient de faire : c'était le métier, voilà tout. Ils demandaient seulement d'aller se changer pour avoir moins froid, et de panser leurs doigts déchirés pour pouvoir recommencer demain...

Plus tard encore — à peine quelques années plus tard, tant notre marine avait rapidement évolué — ce ne fut plus en l'air, au milieu du désarroi des hautes voilures, que se jouèrent les parties suprêmes, mais en bas, devant les énormes feux des machines, dans l'enfer des « chambres de chauffe ». Et rien que ce mot de « chambre de chauffe » en dit très long, car on le croirait emprunté à la langue des tortionnaires... On me répondra que les ouvriers de nos grandes usines sont soumis à des épreuves pareilles. — Oh! non, combien leur cas diffère de celui de nos matelots! Eux, les ouvriers, pour accomplir leur dur labeur, ils *sont dans quelque chose qui au moins ne remue pas;* leur sol est ferme, et jamais secoué de ces grands soubresauts qui vous jettent sur les brasiers, et puis ils ont la terre en dessous, au lieu des engloutissants gouffres obscurs; enfin et surtout, quand par hasard viennent à fuser ces vapeurs brûlantes qui donnent l'affreuse mort, ils peuvent presque toujours s'évader vers le dehors où l'on respire. Tandis que nos matelots!... Oh! la force et le courage qu'il leur faut pour descendre s'ensevelir dans l'étouffement de ces chaufferies, quand c'est l'un de ces jours de tourmente où l'on est obligé de refermer tout de suite les entrées après leur passage, et d'en sceller les portes sur eux, comme on scellerait, sur des cadavres, des couvercles de cercueil. Et c'est à ces moments-là, je crois, en les voyant descendre sans broncher au fond de ces brûlants sépulcres de fer, que j'ai le mieux compris la phrase gravée dans ma mémoire depuis mon enfance : « Aux heures de péril, ils méritent que l'on ploie le genou devant eux ! »

Où sont-ils, aujourd'hui, ceux qui furent les compagnons de ma jeunesse? Blanchis, courbés, marchant avec des bâtons de vieillard, ou endormis sous les petites croix des cimetières de village, ou bien encore, tombés dans les dessous insondables de la mer, et anéantis là, transmués en ces organismes des grandes profondeurs, qu'aucun œil humain ne connaîtra jamais... Ma génération a passé et une suivante, presque, a passé aussi, et cette fois est une des dernières sans doute où je me trouverai dans une réunion de mes camarades de la marine, et entouré de tant de grands cols bleus.

Il me semble donc que je puis emprunter déjà cette liberté de langage qui est permise dans un testament suprême. A nos chers matelots, j'ai le droit de dire, oh! sans intention cruelle, on le pense bien : prenez garde à la dégénérescence qui menace de vous atteindre! Bien entendu, je ne le dis pas pour vous qui êtes là, pour vous qui revenez de la tragédie de Belgique, et qui avez tous la belle croix sur la poitrine, et qui représentez l'élite d'une élite. Non, mais je le dis pour les matelots en général. Dégénérescence physique d'abord, due à ce fléau si avilissant de l'alcoolisme qui nous est arrivé du Nord brumeux et qui a déjà trop touché nos côtes bretonnes : regardez les petits enfants de ces villages, et comparez-les à ce que furent leurs pères! Et puis, chez les moins équilibrés, un peu de fléchissement moral peut-être, dû à des idées nouvelles, généreuses sans doute, mais qui peuvent devenir néfastes quand on se les assimile trop vite et sans mesure...

Au moment où il m'a fallu quitter mon dernier navire, je songeais avec une infinie tristesse : « Ils ont l'air de changer, nos matelots. Où donc vont-ils, vers quel modernisme qui les banalise? Quand éclatera l'inévitable guerre, pourvu que nous les retrouvions aussi solides au poste que leurs devanciers! »

Mais, Dieu merci! combien je m'exagérais le mal! Comme d'ailleurs toute notre France, merveilleuse et éternelle, ils n'étaient encore qu'effleurés. La guerre a été déchaînée, le fou sinistre là-bas, l'espèce de hyène enragée qui règne sur la Grande Barbarie d'outre-Rhin, a osé enfin tenter le forfait sans nom qui avait été le but de toute son abominable existence. A peine équipés, à peine préparés, on les a envoyés sur l'Yser, — et ils ont étonné le monde! Et nous devons comme autrefois, plus qu'autrefois même, plus que jamais, nous incliner devant eux, pour un beau salut de notre admiration affectueusement extasiée!...

Pour finir et résumer cette sorte de testament, que l'on me permette de donner à nos chers grands enfants à col bleu[1] quelques conseils, tout à fait de ma façon... Cela m'amuse de commencer par celui-ci, qui, à première vue, n'a pas l'air très sérieux et que vous garderez tout à fait entre nous, n'est-ce pas :

« Ne croyez pas nécessaire de vous moderniser en affectant des allures trop correctes. Je ne vois aucun inconvénient à vos petits tapages, qui étaient d'ailleurs devenus classiques ; j'ose à peine dire que je regrette plutôt qu'ils se démodent, car cela tendrait moins à prouver un assagissement de vos âmes — au fond déjà très sages — qu'une diminution de vos vibrantes jeunesses.

» Quant à vos âmes elles-mêmes qui sont si bien comme cela, si droites et si jolies, de grâce n'y changez rien! Cela par exemple, je vous le dis de

---

1. Des détachements de matelots en armes, presque tous des survivants de l'Yser, garnissaient ce jour-là la scène du Théâtre Français, entourant M. Pierre Loti qui, pour finir s'est adressé à eux.

tout mon cœur et de toutes mes forces. Ah! non, n'y changez rien. Gardez la tradition saine et superbe. Gardez le respect et la confiance, sur quoi reposait votre discipline séculaire. J'aimerais même vous voir garder aussi — mais je crains qu'il soit trop tard — garder les vieux rêves, qui sont pour émerveiller et enchanter à l'heure de la mort... et garder jusqu'à votre antique Notre-Dame de la Mer, car, à travers tout, elle demeure l'un de ces bienfaisants symboles derrière lesquels se cachent la vérité et les plus essentiels espoirs.

» Oh! tâchez de rester ce que vous êtes et ce qu'étaient vos ancêtres. Oh! restez, dans toute la plénitude du sens admirable que j'attache à ce mot-là, — restez des MATELOTS!... »

MADEMOISELLE ANNA,
TRÈS HUMBLE POUPÉE

Dans mes lointains souvenirs de petit enfant, je retrouve une vieille domestique nommée Suzette, qui m'aimait jusqu'à l'idolâtrie. Elle était née dans cette île d'Oléron, d'où ma famille est originaire, et qu'on appelait chez nous l'« île » tout court, de même que jadis les Latins disaient « Urbs ».

Je n'arrive pas à bien retrouver dans ma mémoire la figure de Suzette, — et cela lui ferait beaucoup de peine si jamais elle venait à l'apprendre là-haut; mais je retrouve son aspect général et surtout sa coiffe blanche qui était, bien entendu, à la mode de l'*île*, c'est-à-dire haute d'au moins deux pieds sur une carcasse en fil de laiton, et qui lui donnait beaucoup de souci les jours où soufflait le vent d'ouest.

Elle avait imaginé un jour de me confectionner une poupée, comme on les fait dans son village. C'était un petit paquet de chiffons serrés, serrés, et puis cousus dans une enveloppe en cotonnade couleur de chair; une boule bien ronde représentait la tête; quant au corps, dépourvu de jambes, il avait seulement deux bras, trop aplatis et trop courts qui donnaient à l'ensemble une ressemblance de phoque. Toujours suivant la coutume de l'île, la saillie au milieu du visage était formée par un grain de maïs, introduit sous l'enveloppe et qui simulait un drôle de petit nez tout rond. Restait à colorier le visage; là, se méfiant de son savoir, la bonne vieille était allée implorer mon père, qui, à cette époque, consacrait ses loisirs à l'aquarelle, et qui, pour ne pas lui faire de peine, avait peinturluré de bonne grâce deux larges yeux bleus, une bouche en cœur et des joues bien roses.

Après avoir habillé le tout d'une belle robe rouge et l'avoir coiffé d'une coiffe comme la sienne, Suzette, très anxieuse sans doute de ce que serait mon impression, était venue un matin à mon réveil me présenter son ouvrage (elle appelait cela une « catin », nom que les bonnes gens de mon pays donnaient en ce temps-là aux poupées, mais qui, par extension, s'est appliqué aussi aux dames dénuées de sérieux dans le caractère).

L'impression, paraît-il, fut délirante. Pour la petite catin en chiffons, qui fut baptisée « mademoiselle Anna », je délaissai mes plus jolis joujoux, et sa faveur dura plusieurs mois, pendant lesquels je ne m'endormis jamais sans l'avoir à mes côtés.

On ne sait pas assez combien il est inutile de donner aux tout petits des jouets ingénieux ou d'un prix élevé ; le moindre rien de deux sous les charme autant, pourvu qu'il soit très monté en couleurs et d'une physionomie un peu drôle.

Elle survécut, l'humble poupée, à la vieille Suzette qui, vers mes cinq ans et demi, s'en alla soudain au ciel tout droit. A cette époque, je commençais déjà à m'apercevoir que la pauvre « mademoiselle Anna » était bien ridicule ; en tant que petit garçon, j'avais aussi quelque honte de m'en amuser encore, et puis, pour tout dire, je m'affligeais de voir que le bout de son petit nez rond noircissait de jour en jour, à force de subir les frottements les plus divers.

Cependant, comme j'avais déjà le sens des reliques — dont je devais tant m'encombrer dans la suite de ma vie — je la remisai pieusement au fond de mon armoire aux jouets, après l'avoir enveloppée d'un papier de soie.

Bonne vieille Suzette, à laquelle je repensais de temps en temps avec mélancolie, je craignais vraiment qu'elle ne fût pas très heureuse au ciel... D'abord à cause de sa coiffe qui ne pouvait manquer de l'inquiéter beaucoup, dans cette région des nuages où il devait y avoir du vent... Et puis, si intimidée sans doute, si gênée au milieu des anges et de tout le beau monde de là-haut!...

ALSACE !

Juillet 1916.

Au mois d'août prochain, il y aura une année que j'ai mis le pied pour la première fois en Alsace reconquise. C'était à la suite du président de la République, pendant une de ces tournées si rapides et si bien remplies dont il a le secret.

Ce jour-là, dans notre Alsace, il faisait par hasard un temps merveilleux, un de ces temps de fête qui illuminent la vie et rendent la joie plus joyeuse. Un chaud soleil rayonnait dans un ciel qui s'était tout tendu de beau bleu méridional, et les petites villes, les villages aux maisonnettes enguirlandées d'une folle abondance de roses, avaient l'air de resplendir, sur les fonds magnifiquement verts des montagnes enveloppantes. — Du reste, je n'ai jamais vu qu'en Alsace une telle profusion, une telle débauche de roses, jusque dans les moindres jardinets, jusque sur les plus humbles murailles.

L'auto présidentielle filait à toute vitesse, révélée seulement par son pavillon en soie tricolore à frange dorée, que le vent de notre course agitait sans cesse comme un signal, une sorte de petit signal discret de la délivrance. On ne nous avait pas annoncés, nous apparaissions en soudaine surprise, sans le moindre cortège; mais il n'était pas possible d'empêcher des jeunes Alsaciens cyclistes de nous devancer gaiement à force de pédales dès que nous nous arrêtions quelque part, et d'aller crier de proche en proche que le président arrivait. Leur avance sur nous avait beau n'être chaque fois que de peu de minutes, nous étions sûrs de trouver le village suivant déjà moitié pavoisé et, sur notre parcours, les drapeaux continuaient de jaillir spontanément, comme par magie, des fenêtres ouvertes : drapeaux français et aussi drapeaux d'Alsace blancs et rouges, tout ce qui tombait sous les mains empressées et heureuses. Et, parmi les drapeaux tricolores, il y en avait de tout neufs, mais il y en avait aussi d'autres très vénérables, souvenirs sacrés, qui venaient de passer plus de quarante ans dans l'ombre, cachés au fond des armoires par peur de l'inquisition allemande, et qui revoyaient enfin ce soleil d'aujourd'hui, redevenu un soleil de France.

Des vivats éclataient tout le long de notre route,

des vivats spontanés, largement réjouis, et on sentait si bien qu'ils partaient du fond des cœurs !

Quelques trous d'obus dans les murailles ; de distance en distance quelques maisons éventrées ; mais cela n'avait pas l'air vrai, tant cela cadrait mal avec cette paix heureuse d'aujourd'hui. Et, à part certains petits cimetières, hélas ! çà et là improvisés, et où s'alignaient les croix en bois blanc, fraîchement plantées, de nos chers soldats, l'impression de fête ne se démentait nulle part.

Nous nous arrêtions un peu à chaque village. Le président, de son pied alerte d'ancien chasseur alpin, courait de l'ambulance à la mairie, de la mairie à l'école, et de l'école à son auto, qui repartait comme une flèche. Il serrait beaucoup de mains à la ronde, disait beaucoup de paroles qui réconfortaient, semant la confiance, remontant encore plus haut les courages, et, dans les écoles, écoutait en souriant ces petits Alsaciens qui, au lieu de la langue allemande naguère obligatoire, n'avaient commencé d'apprendre le français que depuis peu de mois, mais savaient déjà lui répondre un tas de choses et lui réciter des fragments de nos fables, avec un accent drôle. Souvent des groupes de jeunes filles habillées en Alsaciennes arrivaient en hâte pour lui offrir des bouquets, dont son auto fut vite remplie ; elles avaient tiré des vieux coffres de famille ces jolis costumes désuets, jupes écarlates, corsages à dorures, et coques de rubans qui les coiffaient comme d'énormes papillons. « Comment avez-vous fait, leur demandais-je, pour être prêtes si vite? — Oh! ce que nous nous sommes dépêchées! » répondaient-elles avec de gentils rires. Et, en effet, de s'être dépêchées tant que ça, elles étaient toutes rouges, même un peu en sueur; mais si contentes!

Dans les villages, sur les murs, au-dessus des boutiques, restaient encore quantité d'inscriptions allemandes, sans compter ces mots de chez nous, qu'ils nous ont empruntés pour les défigurer à leur manière : *restauration*, au lieu de restaurant, *friseur*, au lieu de coiffeur, et *tabak* avec un K, comme leur délikate et inénarrable kultur. Mais on se sentait tellement en vraie France, que cela ne semblait plus qu'une plaisanterie pour amuser les passants.

Pendant les deux journées que dura notre belle course, il n'y eut pas une fausse note nulle part. Les Boches eux-mêmes, embusqués dans les montagnes voisines et dont nous nous approchions peut-être un peu trop, car le président n'a peur de rien, les Boches se tenaient tranquilles. Pourtant nous soulevions grand tapage sur notre chemin; en plus de ces acclamations à pleine voix, il y avait des fanfares, des « *Marseillaise* » jouées à grand renfort de cuivres; ils devaient bien l'entendre! Et tout ce pavoisement aux trois couleurs, avec les lunettes perçantes qu'ils tiennent toujours au guet, ils devaient bien l'apercevoir! Aussi nous nous disions :

« Comment ces sauvages ne nous bombardent-ils pas? » Mais non, rien. La chance était avec nous, comme le soleil : pas une marmite, pas même un misérable obus; pas un son funèbre, pour troubler l'élan de ces populations, qui déliraient dans la première ivresse d'être enfin libérées!...

L'Alsace, un pays de race allemande, de cœur allemand! Allons donc! Voici quarante années, nous le savons, qu'ils essaient de le prétendre, les impudents menteurs d'outre-Rhin. Ils sont même parvenus, hélas! à force d'habiles rouevries, et par une continuité obstinée de travaux d'approche, à circonvenir deux ou trois politiciens français, qui se sont rendus coupables d'admettre ce contresens et de le proclamer chez nous. Et, aujourd'hui que la question est plus que jamais brûlante, les vautours d'Allemagne soutiennent leur thèse, dans les journaux à leur solde chez les Neutres, par de lourdes divagations historiques; mais tous les textes qu'ils invoquent sont par eux impitoyablement faussés. Jules César, qu'ils citent tout d'abord, a bien déclaré que de son temps des hordes germaniques *occupaient* une partie de la Gaule du Nord et l'Alsace, mais jamais il n'a dit autre chose; ces Germains étaient là en tant que pillards et oppresseurs, tout comme de 1870 à 1914; les invasions teutonnes, de même que les invasions aryennes, n'ont laissé en Alsace qu'un très petit nombre des leurs, dont les caractères physiques ont été immédiatement absorbés par les autochtones. Et la véritable infiltration barbare s'est bien arrêtée au Rhin, qui fut le grand fleuve protecteur.

Il est archifaux, l'argument capital invoqué par l'Allemagne comme excuse au rapt de l'Alsace, à savoir que, pendant tout le Moyen Age, les Alsaciens auraient pensé et senti comme des Allemands! Mille fois non! De César à Charlemagne, c'est-à-dire pendant dix siècles, il a toujours existé au contraire une radicale différence entre les gens de la rive droite du Rhin et ceux de la rive gauche, latinisés et civilisés infiniment plus vite. Il suffit pour conclure d'examiner l'art alsacien, qui fut roman à ses débuts comme le nôtre! d'examiner leurs goûts traditionnels, leur esprit, leur cœur, qui furent gaulois et puis français; enfin tous les éléments de leur civilisation qui s'est développée dans un sens parallèle à celui de la civilisation de France, les rapprochant de nous toujours davantage, unissant toujours plus, les unes aux autres, des populations dont les primitives origines étaient communes.

Et, après tant de preuves accumulées dans le passé, voici peut-être la plus accablante, celle que quarante années d'oppression viennent de fournir. Après de si durs et continuels efforts pour s'assimiler les Alsaciens, les Allemands qu'en ont-ils obtenu, si ce n'est la haine, le dégoût et l'ironie?

Même cette ironie, qui à première vue semble un

élément secondaire, apporterait d'ailleurs, elle aussi, sa petite preuve qui s'ajoute. L'esprit des Hansi et de tant d'autres, cet esprit goguenard, malicieux et gai, est-ce de l'esprit tudesque — qu'on me le dise ! — ou bien de l'esprit gaulois?

Non, la cause est entendue : les Boches ne sont pas chez eux, de ce côté-ci du Rhin, personne ne les désire, ils répugnent à tout le monde. Alors, qu'ils s'en aillent [1] !

En cette fin de juillet 1916, mon service m'a ramené pour quelques jours en Alsace.

Ce n'était plus le beau temps présidentiel de l'année dernière, hélas ! De gros nuages attristants s'accrochaient partout aux cimes des Vosges ; ils assombrissaient les forêts de sapins et de mélèzes qui, vues d'en bas et pour les non avertis, continuaient de jouer un peu les forêts vierges, mais que depuis deux ans nos braves territoriaux ne cessent de remplir de pièges de toutes sortes, pour le cas où les barbares oseraient tenter de nous arriver par là. — Ces pièges que j'ai longuement visités là-haut, lors de précédentes missions, ces défenses invisibles mais formidables, ces tertres gentiment gazonnés d'où sortent, par des fentes sournoises, les bouches des mitrailleuses, et ces interminables réseaux de fil de fer, tendus comme des toiles d'araignée parmi

---

1. Voir la brochure de madame Juliette Adam : *Non, l'Alsace n'est ni germaine ni germanisante.*

les exquises fleurs roses de sous-bois, digitales et silènes, — qui donc s'en douterait en passant, comme je l'ai fait cette dernière fois, au pied de ces montagnes revêtues d'un si uniforme et tranquille manteau de verdure!...

Dans les vallées par lesquelles je m'acheminais vers les villes reconquises, les champs étaient admirablement verts, et la débauche des roses, qui sont plus tardives ici que dans ma province natale, battait encore son plein sur les murs des villages. Les femmes, les jeunes filles, avec de grands râteaux légers, s'empressaient aux fenaisons, et la bonne odeur des foins coupés était partout dans l'air. Plus d'ovations joyeuses comme l'an dernier bien entendu, ni de musiques. Le pays affectait un air de grand calme, sous ses nuages épais, et cependant, au milieu du silence, résonnait de temps à autre le canon allemand, auquel le canon français, plus proche, répondait, au tarif de deux coups pour un...

Entre leurs montagnes aux forêts si touffues, j'ai donc revu les vieilles petites villes alsaciennes, surplombées par ces amas d'arbres qui parfois, tant les pentes sont abruptes, sembleraient près de glisser pour tout ensevelir sous la verdure. J'ai reconnu les vénérables maisons, coiffées de grands toits qui débordent à cause de l'habituelle pluie, et les ruisseaux d'eau vive dans les rues, et les places ornées toujours de fontaines jaillissantes, — maintenant nos troupiers en bleu pâle mènent boire leurs chevaux en faisant la causette avec des jeunes filles très blondes. Le canon boche y avait accompli depuis l'an dernier de triste besogne : de ces coups inutiles, lancés de loin, un jour ou l'autre, pour le plaisir de détruire, crevant çà et là une maison, un vitrail d'église, tuant quelque femme ou quelque enfant. Et cela n'empêchait pas les boutiques d'être ouvertes, les petits écoliers de s'amuser dehors comme si de rien n'était. Me promenant à pied, j'ai causé avec des passants, qui saluaient si volontiers mon uniforme français. Résignation à l'horrible voisinage pour quelque temps encore, mais confiance sereine en l'avenir, j'ai rencontré ces sentiments-là partout; ce n'était plus, comme l'été dernier, le fébrile enthousiasme auquel se mêlait encore peut-être la vague terreur d'un retour des barbares; non, c'était une certitude maintenant bien assise et donnant la patience d'attendre.

Dans des maisons qui m'avaient été désignées, on m'a montré — avec quel respect ! — et fait toucher de la main les vieux drapeaux d'avant 70, reliques naguère si compromettantes, qui avaient échappé aux Boches fureteurs. Je me rappelle un vieillard, les cheveux comme une mousse blanche, qui me disait les larmes aux yeux, en me présentant son pauvre drapeau à lui, en humble cotonnade aux trois couleurs bien fanées : « Pendant quarante-quatre ans, je n'ai peut-être pas manqué une fois, chaque dimanche, de monter lui dire bonjour, sous les combles des toits où je l'avais caché. »

On respire donc enfin à l'aise, dans le pays longtemps martyr. Ils sont partis, les fonctionnaires allemands. Avec eux s'en sont allés l'espionnage, les exactions, la brutalité, la terreur. Et voici que les bannis, ou les exilés volontaires, ont commencé de revenir, retrouvant les vieilles demeures familiales, et les vieux parents si changés, qu'ils aimaient, mais dont ils reconnaissaient à peine le visage.

Plus d'inscriptions allemandes nulle part, cette année, ni aux angles des rues ni sur les boutiques. Et comme je disais à l'un de nos administrateurs français : « Vous avez eu tellement raison de recommander cela ! — Recommander, me répondit-il, oh ! non, même pas... Il a suffi d'une remarque, que j'ai faite un jour à l'un des adjoints et qui s'est propagée en traînée de poudre. Les gens n'y avaient pas pensé plus tôt, voilà tout. Faute de peintres, tout le monde s'y est mis ; les marchands grimpaient en personne sur des échelles pour badigeonner leur devanture, en attendant mieux. En quarante-huit heures, c'était fait ! »

« — Quel dommage, me disait un colonel français en résidence là-bas, que vous n'ayez pu arriver trois ou quatre jours plus tôt, pour voir notre 14 Juillet ! Les Alsaciens étaient venus d'eux-mêmes en délégation, nous demander de leur permettre de pavoiser et de faire fête, malgré le sale voisinage et le danger d'être encore si près... »

Il avait l'air ému profondément en me disant cela, cet officier, plutôt rude et nullement suspect de sensiblerie. Et il continua ainsi : « Le soir, à la retraite aux flambeaux, nos musiques militaires, leurs fanfares civiles, même d'anciens orphéons qui avaient encore des costumes boches et des tambours, tout le monde à plein cœur jouait la *Marseillaise*, *Sambre-et-Meuse*, le *Chant du Départ*, et tous les hommes suivaient en chantant, et toutes les jeunes filles dansaient derrière le cortège... Oh! tenez, surtout ce *Chant du Départ*, à l'unisson, entre ces montagnes d'Alsace, repris en délire de joie par toutes ces voix puissantes de nos soldats et des paysans d'ici!... Moi qui vous parle, j'ai pleuré comme un imbécile, en entendant passer cette retraite!... »

Cher pays bien français, qui revient à nous, délivré à tout jamais de l'horreur germanique!...

UNE FURTIVE SILHOUETTE

DE

S. M. LA REINE ALEXANDRA D'ANGLETERRE

Juillet 1909.

A Londres, en juillet 1909, sur la fin de la « season ». Un bal d'ambassade où j'arrivai tard, non loin de minuit. Dans une grande salle où tournoyaient des valseurs, une femme, toute svelte et juvénilement cambrée, se tenait debout contre le mur du fond; elle regardait et souriait. Sa robe, très simple, en je ne sais quelle diaphane étoffe noire, s'ornait, vers le bas seulement, de broderies couleur de feu pâle, qui simulaient des flammes d'alcool. Les valseurs, en passant devant elle, s'écartaient un peu par respect; certains couples même s'arrêtaient, pour saluer d'une révérence profonde. Nouveau venu à Londres, que je voyais pour la première fois, quand on me dit : C'est la reine! je doutai presque, dérouté par tant de jeunesse. Cependant je l'avais aperçue la veille, passant très vite dans sa voiture, et je reconnaissais bien le fin profil. Et puis, sur ses cheveux brillait une couronne en diamants, — très légère, il est vrai, très simple, mais une « couronne fermée », comme, seules, ont le droit d'en porter les souveraines.

Pendant que la valse durait encore, j'eus l'honneur de lui être présenté. Dans le bruit de la musique, dans le bruit du tourbillon qui pourtant se faisait plus lent près d'Elle et plus silencieux, Sa Majesté, avec une bienveillance exquise, daigna me dire ces paroles que les souverains savent trouver pour les hôtes de leur pays...

L'instant d'après, le roi Édouard sortait d'un salon voisin où il venait de jouer au bridge : « Ah! dit-il avec un bon sourire, en me tendant la main, quand notre ambassadeur me présenta à Lui, voici donc l'anglophobe. — Sire, je crois, répondis-je, que je le suis déjà bien moins. »

Pendant le souper, je perdis de vue le roi et la reine. C'était par petites tables, dans un jardin que l'on avait recouvert de tentes épaisses, mais où la pluie tombait quand même, une pluie glacée qui tambourinait sur les toiles et filtrait par mille gouttières.

Un grand brouhaha se fit quand Leurs Majestés se furent levées, chacun voulant arriver dans les vestibules pour les saluer au départ. Et là, je revis la reine, qui descendait légèrement les marches du perron. Elle avait mis un petit manteau de fourrure grise, d'où s'échappait la traîne en gaze noire brodée de flammes pâles ; aucun voile sur la tête, où scintillait la couronne fermée. Jeune toujours, malgré la cruelle lumière électrique, elle rendait les saluts en se retournant avec sa grâce charmante.

Le lendemain, — veille du jour où j'allais quitter l'Angleterre pour sans doute n'y jamais revenir, — je me rendis à Buckingham-Palace, où Sa Majesté la reine Alexandra daignait m'accorder l'audience que je lui avais fait demander. Comme tous les ans à pareille époque, le roi venait déjà de partir avec la Cour, pour Windsor, où la reine devait incessamment le rejoindre.

C'était pour midi, l'audience ; un midi anglais, sous un soleil de juillet à peine tiède. Aucune animation ce jour-là autour de Buckingham-Palace, — qui en tout temps s'isole de la vie ambiante par des solitudes plantées d'arbres, par des semblants de forêt, par des semblants de prairies, aux massifs de géraniums uniformément rouges. Personne dans les grandes cours sablées, au fond desquelles le palais se dressait lourd, morose et noirâtre, silencieux comme une demeure vide.

Ma voiture s'arrêta devant une petite entrée particulière, où cependant parut un huissier en livrée rouge, au placide visage, qui me fit passer dans un très modeste parloir. J'y fus rejoint tout aussitôt par une vieille dame à l'air aimable et bon : la dame d'honneur de service. « Si vous voulez bien me suivre, — dit-elle en français, sans le moindre accent, — je vais vous emmener chez Sa Majesté. » Et je la suivis, d'abord dans d'étroits couloirs sombres, puis dans un petit ascenseur qu'elle fit jouer elle-même, un tout petit ascenseur à deux places. En haut, au premier étage, nouveaux couloirs obscurs, et enfin un salon ayant vue sur des arbres. « Restez là, me dit-elle, je vais avertir Sa Majesté. » Sur ces mots, elle disparut et on ne la revit plus.

Pendant les quelques secondes où je fus seul, immobilisé à la place où la bonne dame d'honneur m'avait laissé, c'était bien mon droit de promener les yeux sur ce coin d'intérieur intime, dont les détails pouvaient déjà me révéler un peu de l'âme de la souveraine. Rien d'éclatant, rien de luxueux, dans ce salon aux proportions moyennes, où régnait un ordre parfait, et où les choses étaient d'une simplicité voulue, un peu austère, mais sans une faute de goût. Vraisemblablement celle qui habitait là devait *subir* les pompes officielles plutôt que s'y complaire. Aux murailles, sur les meubles, quantité de photographies, encadrées pour la plupart en des cadres de cuir tout unis, mais des photographies de princesses ou d'impératrices que soulignaient de grandes signatures.

Par une porte de fond, tout à coup, la reine... la reine, aussi étonnante de jeunesse dans le jour qu'aux lumières et vêtue d'une robe si simple que, n'eût été l'élégance suprême de sa silhouette, rien ne l'aurait trahie.

Le très court silence qui survint alors entre nous me parut s'agrandir de tout le silence de ce palais vide et entouré d'espace. Il y a, d'ailleurs, une petite émotion très particulière à causer pour la première fois en tête à tête avec une interlocutrice dont on ne sait rien, qui est pour vous une énigme, — enveloppée par surcroît, de majesté royale, — et qui au contraire sait beaucoup de vous-même, par des livres où l'on s'est trop donné... Les voyages, les livres, Sa Majesté ayant abordé ces sujets-là, je commençai d'éprouver une gêne, quelque chose comme un remords bien inattendu, au souvenir de mes attaques contre l'Angleterre, et je m'embrouillai dans de difficiles excuses. « Oh! interrompit la reine, sur un ton de confiance qui me toucha infiniment plus que n'auraient fait les reproches, — c'est fini, tout cela maintenant, n'est-ce pas? — Mais oui, madame, — répondis-je, — c'est fini... » Or, à ce moment même, avec inquiétude, je me rappelais certain article sur Rangoun, non paru mais déjà imprimé, où j'incriminais beaucoup l'occupation anglaise en Birmanie; mon Dieu, aurais-je encore le temps d'y retoucher, d'en atténuer les termes?

L'indulgence, la bonté, la droiture, comme elles se révélaient bien, dès l'abord, dans les paroles de cette reine et dans son regard.

Et puis on sentait qu'elle aimait sincèrement notre pays. J'aurais donc souhaité lui parler de son Danemark où j'étais venu jadis, à ma sortie de l'École navale, pendant l'année terrible 1870, et où j'avais rencontré tant de sympathie pour la malheureuse France, tant de révolte contre nos ennemis d'alors et d'aujourd'hui. Mais avec une reine on ne conduit pas la conversation sur le terrain que l'on veut, surtout si c'est un brûlant terrain politique, et des sentiments, qui sans doute nous étaient communs, restèrent sous-entendus entre nous plutôt qu'exprimés. D'ailleurs je venais de rencontrer un grand portrait du kaiser et d'en croiser l'odieux regard; or, c'était en bas, dans une sorte de couloir de service où l'image avait été accrochée comme à une place de dédain, et cette relégation suffisait à indiquer les sentiments qu'inspirait le personnage aux hôtes de ce palais.

Après un moment, qui m'avait paru très court et qui avait été presque long pour une audience, Sa Majesté daigna me demander si je voulais visiter le palais. Le visiter en une telle compagnie, jamais je n'aurais osé y prétendre. Elle se leva, et je la suivis, pour une promenade inoubliable dans la somptueuse demeure sans habitants.

Nous passâmes d'abord devant un cabinet de travail, aussi simple que le salon. « — C'est mon bureau, où je ne vous fais pas entrer, — dit-elle en souriant, — parce qu'il est en désordre. » En effet, j'avais aperçu des liasses de papiers, jetés un peu partout comme pour un triage. (On se représente ce que peuvent être, malgré les dames d'honneur, malgré les secrétaires, la correspondance et la comptabilité d'une reine, lorsqu'elle pourvoit, comme celle-ci, à tant d'œuvres bienfaisantes, hôpitaux, refuges, asiles de petits abandonnés, etc. C'était le rangement de ces lettres qui avait dû retarder son départ pour Windsor.)

Sa Majesté ensuite ouvrit une porte haute et grande; là, soudain, après les sobres appartements particuliers, nous fûmes sans transition dans les galeries magnifiques, aux plafonds ouvragés, aux vives dorures, aux colonnades de marbre, aux murailles ornées d'inestimables tableaux de maîtres. Toujours personne; pas un huissier, pas un domestique. La reine, de sa main fine, faisait jouer les serrures, tourner les lourds battants dorés, et les salles se succédaient, aussi vides et silencieuses. Mais ce palais, qui allait devenir désert pour une saison, restait dans un ordre parfait et toutes les cheminées monumentales étaient décorées à l'intérieur, comme pour une fête, de merveilleux buissons d'hortensias bleus, d'azalées roses, d'orchidées et d'arums.

Dans des salles différentes, deux grandes toiles représentaient la reine debout, à côté du roi Édouard.

« De mes deux portraits, lequel vous semble meilleur? — demanda-t-elle. — Incontestablement le second, madame; celui-ci. — Ah! n'est-ce pas? C'est bien plus mon regard. » En effet, si dans l'un et dans l'autre le peintre avait rendu la teinte des prunelles en saphir clair, dans le second seulement se trouvait fixé le je ne sais quoi indéfinissable qui est l'expression et le charme.

Au milieu d'un tableau datant des premières années du XIXe siècle, parmi des personnages de cour, une toute petite fille, de deux ans peut-être, naïve, fraîche et jolie. — « Vous devinez qui c'est? » — Ah! oui, en regardant avec attention ces yeux d'enfant on pouvait aisément reconnaître encore celle qui devint la reine Victoria, la souveraine aujourd'hui presque légendaire.

Devant les portraits de ses propres fils et de ses filles, la reine s'arrêta et je vis tout à coup passer sur son visage la tristesse attendrie, lorsqu'elle m'eut désigné celui que la mort est venue lui prendre, le jeune duc de Clarence.

Dans la salle du Trône, un excès peut-être, un éblouissement de rouge et d'or; plafonds d'or, murailles tendues de satin rouge. Mais là, par exemple, on avait l'impression du proche départ; tout était recouvert de longues draperies, également rouges, qui dissimulaient la forme des meubles et l'éclat des sièges. « Ah! dit-elle, je regrette, les housses sont déjà mises. C'est que, vous savez, nous allons partir. » A force de délicatesse, d'adorable simplicité, celle qui me guidait m'avait presque fait perdre de vue qu'elle n'était pas seulement la grande dame qu'elle avait l'air d'être, mais qu'en outre elle se nommait Alexandra de Danemark, reine d'Angleterre, impératrice des Indes. Et c'était elle-même qui, au jour des grandes solennités, entrait ici, étincelante de diamants historiques, pour s'asseoir sur ce trône, voilé aujourd'hui comme un simple fauteuil.

Quand Sa Majesté me tendit la main pour me donner congé, nous arrivions dans un vestibule dominant un escalier monumental. Incliné jusqu'à ce qu'elle eût disparu, — ce qui fut rapide, — je me trouvai brusquement très seul quand je relevai la tête. En plus du respect profond qu'elle m'inspirait, comme au moindre de ses sujets, une haute sympathie d'âme m'était venue pour cette souveraine, si visiblement noble et bonne; et je songeais que sans nul doute je ne la reverrais jamais, ne devant plus revenir dans son pays, malgré l'extrême courtoisie de l'accueil...

Un vestibule, des marches à descendre évidemment, mais où étais-je, dans quelle partie de ce palais si inconnu pour moi? Personne à qui demander ma route. Après être monté par un petit ascenseur presque clandestin, je redescendais par un escalier d'apparat, sans savoir où j'allais tomber. En bas, des salles pompeuses, mais vides; et toujours pas un être humain. Je commençai d'errer, hésitant à frapper aux portes fermées, osant encore moins les ouvrir. Et cela dura plusieurs minutes, jusqu'à ce qu'enfin un laquais, rencontré par hasard, me fût secourable, me reconduisît au grand perron et y fît avancer ma voiture.

Si j'avais vu Buckingham-Palace dans d'autres circonstances, mêlé à la foule qui s'y presse les soirs de fête, je n'en aurais gardé probablement qu'une impression quelconque. Mais cette reine, ces fleurs, cette solitude et cet absolu silence, — il me sembla sortir d'un palais enchanté.

FEMMES FRANÇAISES
PENDANT LA GRANDE GUERRE

Août 1915.

Nos femmes françaises, la guerre les a magnifiquement agrandies, comme nos soldats, et, dans tous les mondes, la plupart se révèlent sublimes.

Paysannes, à la charrue ou aux moissons, s'efforcent avec un inlassable courage de suffire aux plus rudes besognes, aussi bien les aïeules, toutes ridées et courbées, que les jeunes, apportant parfois aux champs un petit bébé dans ses maillots, qu'elles posent endormi sur l'herbe. Elles labourent la terre, elles fauchent les épis, tout cela pour que le fils ou l'époux, s'il revient de l'abominable tuerie allemande, trouve la petite propriété bien entretenue, en même temps que la maison bien en ordre.

Et, tout en haut de l'échelle, — pour parler comme les gens qui admettent encore des distinctions sociales, — les élégantes, même celles qui furent des oisives et des frivoles, aujourd'hui quittent leur luxe; pour tout donner, elles se privent de ce qui leur semblait essentiel, et elles peinent avec joie à des travaux dont elles se croyaient si incapables! Dans leur blouse d'infirmière, nuit et jour elles s'épuisent au chevet des blessés, mettant leurs mains blanches à des épreuves naguère bien inattendues, et, devant les obligations les plus répugnantes, elles gardent le joli sourire qui enchante les agonies.

Aux abords des gares, par où l'on s'en va sur le front, c'est là peut-être que je les ai vues, plus que partout ailleurs nobles et touchantes, nos femmes françaises, même les plus humbles d'entre elles. Quand, après une courte permission, le mari, en capote bleue glorieusement fanée, s'en retourne là-bas, dans la géhenne de feu, l'épouse vient, avec les enfants, le reconduire; presque toujours c'est lui, le soldat, qui tient le plus petit à son cou, tout contre sa joue, jusqu'à la minute de l'inexorable départ. Et après l'adieu, qui pourra être le dernier, la femme s'en retourne au logis, fière, avec des yeux de suprême angoisse, mais qui ne veulent pas pleurer.

Pour ce qui est de moi-même, à ces heures grises comme nous en traversons tous, dans le découragement de sentir s'éterniser la guerre, dans la détresse d'avoir ses fils au front, à ces heures, plus ou moins courtes mais inévitables, où il semble que l'on s'affaisse, il m'est arrivé de me réfugier auprès de femmes qui venaient de perdre ce qu'elles avaient de plus cher au monde, un fils unique, et qui traînaient des deuils éternels sous leurs longs voiles noirs. Et c'est encore auprès de celles-là que j'ai acquis le plus de résignation, trouvé le plus de réconfort...

UN « SECTEUR TRANQUILLE »

Septembre 1916.

Voici la troisième fois qu'une fin d'été éclaire mélancoliquement les désolations de notre France. A la longue, sur notre front hérissé de bouches à feu, une sorte d'accoutumance s'est presque établie çà et là, du moins dans les régions où ne s'acharne pas pour le moment la rage des Barbares, et ce sont ces régions que l'on est convenu d'appeler « secteurs tranquilles ». (Cette tranquillité, est-il besoin de le dire, n'est que très relative, et, avant l'inimaginable guerre qui a peu à peu modifié tous nos jugements, elle se serait plutôt appelée l'abomination de la désolation.)

J'avais affaire aujourd'hui dans l'un de ces secteurs-là, et un temps merveilleux rayonnait sur les campagnes abandonnées, où s'étalait un grand luxe de fleurs, scabieuses d'automne, alternant avec les plus rouges coquelicots. On entendait, il va de soi, l'éternelle canonnade, mais les coups s'espaçaient sans hâte, et, avec l'habitude que l'on en a prise, ils semblaient troubler à peine le silence des champs. Nous avions dépassé la dernière zone habitée et ne rencontrions plus sur les routes que, de temps à autres, des petits convois militaires. Cependant rien de sinistre n'avait commencé de s'indiquer, sous ce beau soleil de fête. Les arbres, magnifiquement feuillus, cachaient dans la verdure leurs branches fracassées; il y avait encore, en avant de nous, des villages qui, de loin, avaient l'aspect naturel, et cette canonnade, dont toutefois nous nous rapprochions beaucoup, gardait pour ainsi dire un air bon enfant, à cause de sa lenteur.

Ah! premier avertissement sinistre! Au bout d'une perche, un grand écriteau sommairement peint sur bois blanc nous arrête : « Partie de route non défilée, interdite à la circulation. » Non défilée, cela signifie en termes de guerre que l'on y est en vue des lunettes allemandes et en danger de mort. Il faut donc obliquer, par des sentiers qui se dissimulent plus ou moins dans des replis de terrain.

Parmi ces coups de canon, l'oreille naturellement distingue tout de suite les *arrivées* des *départs*. Les départs, ce sont les coups tirés par nos batteries à nous, dont les projectiles s'en vont frapper très loin chez les Boches, et les arrivées, ce sont les éclatements de leurs obus à eux, lancés dans nos lignes.

Aujourd'hui, nous comptons à peine une arrivée par minute. C'est vraiment très courtois de leur part.

Un village, qu'il va falloir traverser, se démasque de derrière des arbres ; de loin, son clocher encore debout faisait illusion, mais il est tout grignoté par le haut, et l'église est criblée ; quant aux maisons, il n'en reste que des pans de murs, la mort s'y est depuis longtemps établie en souveraine. Dans une ruelle, où nous avons ralenti à cause des décombres, gît les pieds en l'air un berceau d'enfant, et tout auprès, au milieu d'une belle touffe de coquelicots, le petit cadavre déchiqueté d'une poupée...

Nous avons à longer ensuite des collines, couvertes d'une même forêt épaisse, qui nous séparent de l'ennemi et nous mettent pour un temps en sécurité. On y a creusé quantité de cavernes, dont l'ouverture est tournée vers nous, et où nos soldats vivent comme des préhistoriques.

Dans l'une, qui est un poste de commandement, je dois m'arrêter pour me renseigner auprès du colonel qui l'habite.

D'abord il me montre, sur une carte piquée contre sa muraille de terre, les places précises de l'attaque vainement tentée l'avant-veille par les Boches, et au sujet de quoi j'ai été envoyé ici ; mais il me faudra aller à un kilomètre plus loin, pour me rendre compte sur le lieu même. « Je vais aussi vous présenter, ajoute-t-il, les gentils objets assez nouveaux qu'*ils* nous envoient depuis quelques jours. » Et il dit à une ordonnance : « Allez donc, mon ami, me chercher par là un « *tuyau de poêle* » et une « *tête-à-Guillaume* ». Le soldat est vite de retour, rapportant quelque chose comme un bout de tuyau en cuivre d'environ soixante centimètres de long, et une espèce de boule un peu oblongue qui ressemble en effet à une grosse tête humaine. Tous ces « gentils objets », bien entendu, ne nous sont lancés que remplis de cheddite et autres infernales saletés allemandes, et, quand elles arrivent, ces boules, surmontées de leur fusée en pointe de casque boche, elles doivent justifier très bien le surnom que nos hommes leur ont donné, sauf qu'il y manque l'ineffable sourire du kaiser.

Autre caverne, où sont logés des officiers; sur leur table, à côté de leurs cartes, il y a quelques journaux — oh! pas beaucoup — qui, dans leur vie de Robinsons, les tiennent un peu au courant des choses de ce monde. Et l'un d'eux, en riant, me présente un article d'un grand journal parisien, où j'apprends que je suis en ce moment même aux Pyrénées, et que j'y occupe mes loisirs — en mille, devinez à quoi! — à peindre des éventails pour les belles dames de ma connaissance!... Certes, ce n'est là qu'une des moindres, parmi les sornettes auxquelles je me vois journellement condamné, mais c'est égal, ce peinturlurage d'éventails emprunte au décor et aux bruits ambiants un comique irrésistible.

Tandis que les Boches continuent leur petit bombardement anodin, nous poursuivons notre route. J'ai pour guide un officier habitué à ce secteur, où je viens aujourd'hui pour la première fois. Nous pourrons, à ce qu'il dit, aller jusqu'aux abords de ce village, qu'on aperçoit là-bas, très riant sous le soleil, dans un bouquet de beaux arbres, mais qui a l'inconvénient d'être à l'ouvert d'une coupure des collines et de servir de cible habituelle à l'ennemi; avant d'y arriver, il faudra donc remiser notre auto derrière un rocher, et ensuite nous monterons à pied dans la forêt. (A mi-côte, je dois interviewer là-haut, au fond de son trou, le chef de bataillon qui a subi, et repoussé avec fracas, cette attaque d'avant-hier.)

Ce n'était qu'un fantôme de village; on le devine bien, éventré de toutes parts et qui, sous le chaud soleil de septembre, dormait son sommeil de mort. Mais à peine étions-nous à deux cents mètres, que les obus commencent d'y tomber, lui ramenant du tapage au milieu de son silence. Nous avaient-ils aperçus, les Boches, par quelque éclaircie dans les branches, ou bien nous avaient-ils entendus, ou simplement flairés? En tout cas, ils se figurent que nous allons dans ces ruines, et bêtement ils s'obstinent à les mitrailler.

Notre auto et nos chauffeurs, une fois remisés en lieu à peu près sûr, voici devant nous la route qui monte en pente rapide dans la forêt. « Si vous voulez bien, me dit l'officier qui me conduit, nous monterons un peu vite, car le passage est plutôt *malsain*, à cette heure de la journée surtout. » Oui, montons un peu vite, pas trop cependant, pour ne pas donner l'impression de passants émus. D'ailleurs, à part ces *arrivées* que l'on entend de-ci de-là, qui donc s'en douterait, que la route est *malsaine*, à voir son air de gaieté engageante ; sous ses arbres magnifiques, chênes ou hêtres, on dirait une rue, dans quelque station de villégiature ; il y a même des passants, en costume bleu pâle, pas très nombreux, mais enfin quelques-uns, et qui ne semblent pas effarés. — Villégiature pour bonnes gens un peu simplets par exemple, je le reconnais : les maisonnettes, qui s'alignent de droite et de gauche, sont comiques de petitesse, amusantes de naïveté, avec leurs jardinets alentour, leurs étroites bandes de gazon, leurs minuscules rocailles. Toutefois, rien qu'en regardant avec plus d'attention, vite on devinerait que les cures d'air, ici, ne doivent pas être de tout repos, car ces villas lilliputiennes, qui sont comme tapies sur le sol, ont pour toiture des madriers énormes recouverts de matelas de gravier ; il y fait noir et elles s'enfoncent dans la montagne comme des terriers pour gros lapins : en outre, l'une d'elles, qui est marquée d'une grande croix rouge, montre cette enseigne suggestive : poste de secours. Et, de distance en distance, des écriteaux cloués aux arbres portent l'indication : abri de bombardement, une flèche marquant la direction du trou par lequel on y entre... Quand même, avec ses petites pelouses, ses petits massifs, ses petites corbeilles de fleurs soigneusement serties de rangées de cailloux, ce village, improvisé par nos soldats, m'aura donné le plus curieux aspect que j'aie encore rencontré jamais d'un « secteur tranquille ».

Pendant notre montée, la musique de grosse caisse que les Boches nous font s'accélère en *allegro*. « D'habitude, me dit l'officier qui m'accompagne, ils nous fichent tout de même la paix plus que ça ; c'est leur attaque ratée de l'autre nuit qui sans doute leur reste sur le cœur. Et puis, l'entrée en scène de la Roumanie, que nous nous sommes fait un plaisir de leur annoncer hier par des affiches, leur a aussi beaucoup agité les nerfs. » Mais le singulier village, qui a déjà connu cela de temps à autre, paraît à peine s'en émouvoir. Et, en passant, j'entends un caporal, bien paisible sur le pas de sa porte, se plaindre à un camarade d'une seule chose, c'est qu'hier une sale tête-à-Guillaume a saccagé ses plantations de laitues.

Vraiment, le calme de tous ces soldats, qui sont ici depuis tant de mois à nous faire rempart, leurs soins minutieux pour leurs jardinets, pour leurs humbles et rudes logis, ne me paraissent pas seulement d'une puérilité touchante ; non, ils représentent au contraire une forme spéciale, très raisonnée et hautement admirable du courage français, de la belle humeur, de la confiance et de l'abnégation françaises. Évidemment, dans cette forêt, ce n'est pas la grande horreur sans nom, le grand enfer sublime de la Somme; mais quand même, ces hommes savent bien qu'il leur faut chaque jour emporter sur des brancards quelques-uns d'entre eux dans leur petit cimetière fleuri; ce qu'ils entendent tomber de différents côtés, en fracassant les branches, ils savent bien que c'est du 105 allemand, ou de ces torpilles qui font les blessures plus déchirées et plus malignes. Ils savent que, pour diriger cette bourdonnante symphonie, éparse un peu partout dans leurs alentours, c'est la Mort qui tient le bâton de chef d'orchestre...

En voici deux auxquels j'adresse la parole; appuyés confortablement à un arbre, ils s'étaient redressés en retirant leur cigarette, pour me faire le salut militaire : « Mes amis, puisque vous n'êtes pas obligés, vous autres, à cette heure-ci, d'être dehors sur la route, pourquoi ne rentrez-vous pas, jusqu'à ce que *leur* petite crise de colère soit passée ? — Oh! mon colonel, il en faut tant et tant, d'obus, pour arriver à toucher un homme !... Et puis ces trous, vous savez... Si, des fois, ils nous envoyaient quelqu'une de ces grosses marmites qui chavirent tout, et qu'on soye enterré vif là dedans... Non, nous deux, pour notre compte, à notre idée enfin, nous aimons encore mieux attraper ça en plein air ! »

UN PETIT MONDE

QUE N'ONT PAS ATTEINT NOS VERTIGES

Juin 1882.

Hier, j'ai connu les Ouled-Naïl, les vraies, qui suivent le rite immémorial, celles qui ne se montrent point dans les villes d'Infidèles, mais qui guettent, à l'orée du désert, et qui happent au passage les hommes venus du fond des horizons de sable.

Pour les rencontrer, celles-là, j'avais cheminé par étapes, depuis le port où stationnait mon navire jusqu'à l'oasis où je venais d'arriver ce matin au clair soleil de dix heures. En route, ce chaud printemps, ce mois de juin d'Algérie déjà m'avait grisé. Oh! dans les villages, quelle profusion de roses! Des roses de chez nous, mais qui semblaient vivre ici avec une exubérance folle; celles qui étaient rouges, devant les vieux murs blanchis de chaux laiteuse, — mais rouges de pétales, rouges de feuilles, rouges de tiges, — fleurissaient en gerbes, et on eût dit des fusées de sang. Et puis il y avait les orangers, couverts de bouquets qui emplissaient l'air comme d'une suavité blanche. Et même les solitudes sentaient bon, parce que l'on écrasait au passage mille petites plantes d'Afrique plus parfumées que des sachets précieux.

Ces Ouled-Naïl! Je m'étais représenté des filles de joie, bruyantes, aux lignes serpentines, agitant des colliers de sequins. Et, quand on me dit : « les voici », je frissonnai d'une sorte de crainte. Elles étaient huit ou dix, presque en rang, parées comme des idoles de temple, et chacune se tenait immobile, aux aguets, sur le pas de sa porte. A l'écart, dans cette oasis déjà saharienne, elles habitaient un petit quartier morne, un petit quartier avancé en vedette sur le désert, face à l'infini des sables. Le soleil du matin les éclairait d'une lumière incisive ; il rendait éblouissantes leurs étoffes bigarrées et la surcharge de leurs grossiers bijoux, mais aussi il accentuait les flétrissures précoces sur leurs visages de prêtresses d'amour. Leurs fronts, leurs joues avaient les luisants du bronze ferme et poli, mais des petites ombres trop nettes creusaient davantage leurs yeux. Debout, elles restaient sans bouger avec un air d'ironie, les paupières baissées, mais sans cligner des cils sous la morsure de ce soleil. Elles s'étaient fait des têtes énormes, élargies par une profusion d'ornements de métal, et haussées par des espèces de tiares sur lesquelles posaient des voiles aux plis quasi religieux.

Quelques-unes ne paraissaient même plus jeunes ; toutes avaient été marquées par les lassitudes de toujours attendre les caravanes, de toujours guetter des hommes, en surveillant l'horizon désolé, et toutes s'étaient meurtries, depuis longtemps, sous les étreintes de tant et tant de nomades, qui entraient chez elles excédés par les continences des marches à travers le Sahara ; mais toutes, même les plus fanées, conservaient encore je ne sais quoi de bassement désirable, qui rendait dangereux de les trop regarder. Leur repaire ne formait pour ainsi dire qu'une seule et même demeure, dont la façade, sans toiture apparente, se prolongeait pareille, comme un même vieux mur, — un mur fruste, épais et bas, fait de boue séchée. Les trous qui servaient de porte s'ouvraient à la file, très près les uns des autres, et ce matin, de chaque tanière, l'habitante était sortie ; sur chaque seuil, une Ouled-Naïl était postée.

La couleur neutre du sol ou de la muraille terreuse rendait plus éclatant le luxe barbare des parures. Et ce qui déconcertait surtout, dans l'apparition de ces femmes, c'était la dignité, la silencieuse arrogance du maintien ; on sentait que, suivant la règle de leur caste, elles exerçaient la prostitution comme un sacerdoce ; dans ces têtes, si pompeusement coiffées, il devait y avoir autre chose que de la passivité professionnelle, peut-être, à l'occasion, de la fièvre amoureuse, du dévouement aveugle, même du fanatisme et même du crime.

Regardés de près, les ornements de métal, qui brillaient sur elles en diadèmes ou en colliers, se révélaient des louis d'or de tous les pays d'Europe ou d'Afrique. Et les moins jeunes, qui s'étaient le plus de fois vendues, étalaient, sur leur gorge encore belle, presque une petite fortune. (On sait que, suivant l'usage immémorial de la tribu, celles-là, les déjà riches, allaient bientôt s'en retourner au fond du désert, redevenir des filles de la tente, et créer une famille avec quelque beau nomade de leur choix, dont elles seraient l'épouse-voilée, fidèle, docile et humblement soumise.)

**

Elle pouvait avoir vingt ou vingt-deux ans, la Naïl à qui je demandai de m'abriter dans son gîte de terre durant les heures brûlantes du jour. Ensemble nous franchîmes le seuil, entre les parois déformées par la vétusté et aussi épaisses que des remparts.

Là dedans, il faisait un peu sombre et presque agréablement frais, après les chauds éblouissements du dehors. Une odeur de saine bête fauve y était tempérée par des baumes qu'on avait brûlés et par un bouquet de fleurs d'oranger qui trempait dans un vase de cuivre. Des couches de chaux, accumulées depuis les vieux temps de l'oasis, donnaient aux murailles cet aspect mou que prennent les parois des grottes; à terre, des nattes, des tapis tissés au désert, des matelas sur lesquels des centaines de nomades avaient dû, à tour de rôle, se pâmer et puis dormir.

Et une seule petite fenêtre percée en meurtrière, sans vitrage, protégée par une mousseline pour empêcher d'entrer les mouches et le sable : on voyait par là un coin de l'horizon des solitudes, un peu de l'étendue morne qui ne finit pas, et rien d'autre.

Que de pièces d'or elle avait déjà pu suspendre à son cou, bien qu'elle fût si jeune ! Évidemment c'était une des plus demandées... Avec une soumission méprisante, elle arrangeait les oreillers et les tapis, pour me faire dormir chez elle mon sommeil méridien. Elle ne me regardait même pas. Danseuse, issue d'une race de danseuses, elle avait on ne sait quoi de superbement souple et dédaigneux dans ses mouvements toujours nobles, et, chaque fois que s'entr'ouvrait sa chemise en gaze rayée, un peu de sa jeune gorge couleur de basane, qu'elle dissimulait avec soin tout à l'heure sous ses voiles hiératiques, apparaissait maintenant sans qu'elle s'en souciât, comme si c'était une chose vendue d'avance, déjà à moi et qui n'importait plus.

Pourtant j'avais envie de m'en aller, pris de l'humiliation et surtout de la tristesse infinie d'être là, prisonnier de la chair, dans ce bouge lointain et hostile. Le silence de midi s'affirmait au dehors et on n'entendait que le chant des sauterelles de juin, grisées par la lumière. La Naïl allait et venait, dans son gîte de pénombre; ses allures semblaient moitié d'une panthère, moitié d'une reine, mais vraiment elle avait trop l'air de savoir combien son corps était beau et valait d'argent. Oh! l'éternelle dérision que ce besoin d'embrasser et d'étreindre qui nous talonne tous, qui parfois nous semblerait presque un appel divin, un élan sublime pour fondre deux âmes en une seule, mais qui n'est plutôt que le piège grossier de la matière toujours obstinée à se reproduire. Oh! si on pouvait au moins secouer cela, en être affranchi et purifié!...

J'avais eu envie de m'en aller, mais je retombai sur les coussins préparés par l'Ouled-Naïl... Qu'aurais-je gagné, après tout, à regimber contre cette loi des étreintes, imposée à tout ce qui respire? En quoi la révolte d'un atome éphémère comme je suis pourrait-elle atteindre la Cause inconnue qui nous a jetés pêle-mêle pour quelques heures dans le tourbillon des êtres? Non, autant vaut céder, s'abaisser sans comprendre et accepter lâchement l'aumône qui nous est faite de ces pauvres crises brèves...

UN PETIT MONDE

*****

Un rayon rougeâtre, annonçant que le soleil allait s'éteindre, entrait par la triste petite fenêtre, quand je m'apprêtai à sortir de la maisonnette de terre. L'heure approchait aussi où je devais quitter l'oasis pour commencer à redescendre des Hauts Plateaux et à retourner par étapes vers la côte. Du reste l'Ouled-Naïl, — qui peu à peu était devenue douce comme presque une petite sœur à peine féline, — semblait tout à coup impatiente de se débarrasser de moi ; d'un coffre épais qu'elle venait d'ouvrir, elle tirait des bijoux plus beaux, et des bâtons de rouge pour farder ses joues : c'est qu'il était temps de se parer pour la grande prostitution du soir. Et puis beaucoup de bruit s'entendait maintenant au dehors ; cette sorte de vestibule du désert, qui commençait là tout de suite devant le seuil, s'emplissait de monde ; une caravane s'arrêtait, qui devait être riche, une caravane partie du fond de l'impénétrable Maroc, depuis des jours, et les nomades mêlaient leurs cris aux plaintes des chameaux que l'on faisait coucher. La Naïl voulait sortir sur sa porte, avoir sa part de cet or et de ces désirs qui arrivaient. Je la regardais faire et, sous l'influence du soir languide et rose, je sentais du regret sourdre au fond de moi-même, du regret d'elle, du regret de sa beauté de fille errante, qui allait bientôt se faner à tous les vents du désert, et puis mourir à l'ombre de quelque tente dressée qui sait où, qui sait en quel coin des solitudes, — après que l'ardeur de son sang et le mystère noir de ses yeux auraient été transmis par elle à des continuatrices, qui plus tard se vendraient aussi...

Quand elle reparut au dehors, pour se montrer aux hommes de la caravane, les autres Ouled-Naïlia[1], qui étaient déjà alignées sur les seuils des petites portes sauvages, lui lancèrent une moquerie du coin des yeux. Oh! quels frais de parures elles venaient de faire! Ce soir, toutes étaient belles, — même les plus chevronnées, même celles qui avaient déjà une fortune en louis d'or étalée sur la gorge, et se marieraient bientôt. Toutes s'étaient repeint les yeux et s'étaient fardées d'une façon pompeuse. Leurs têtes paraissaient encore plus larges et plus énormes, sous le poids des diadèmes à plusieurs rangs, des pendants d'oreilles, et sous l'amas des noires chevelures tressées en manière de tiare. Plus tard, quand la nuit serait tombée, elles se répandraient dans les cafés maures, et commenceraient à chanter, danser, affoler les hommes par mille poses de leurs corps souples aux contorsions de couleuvre. Mais pour le moment elles se tenaient rigides et dignes, comme des prêtresses à peine

---

1. Pluriel arabe d'Ouled-Naïl.

vivantes. Des étoffes magnifiques, tombant droit comme des camails, s'agrafaient très haut sous leur menton; elles ne bougeaient pas, se contentant de darder, sur les uns ou les autres, leurs yeux lourds d'appel et d'attente. Oui, on sentait bien, à les voir cette fois, qu'en effet il n'y avait pas que des prostituées chez les filles de leur tribu, mais plutôt des incompréhensibles, formées ainsi par de longues hérédités distinctes, et capables même parfois d'être nobles...[1].

* * *

Mais voici qu'un disque large et rouge plongeait là-bas derrière la ligne des sables. C'était l'instant où le désert pâlit si étrangement et si vite, blêmit comme un grand linceul avant qu'aucune pâleur ait commencé de paraître au ciel toujours teinté de cuivre et d'or. C'était l'heure du Moghreb, et, du haut d'un petit dôme en boue séchée, un chant qui faisait frissonner s'éleva dans l'air, dominant toutes choses, une voix qui tenait à la fois du son des orgues célestes et du glapissement des chacals.

Le muezzin répétait aux quatre vents le nom

---

[1]. On sait que les Ouled-Naïlia sont devenues souvent, contre l'étranger, d'héroïques guerrières.

d'Allah, et les nomades choisissaient des places pour se prosterner, le front dans la poussière.

Alors, en silence, toutes les Ouled-Naïlia, prises de respect, elles aussi, s'enfuirent, les yeux baissés, disparurent un instant au fond des tanières, — pour laisser les hommes prier.

L'ADIEU DE PARIS
AU GÉNÉRAL GALLIÉNI

Paris, 2 juin 1916.

Hier, dans l'apparat et la magnificence, s'en est allé ce général aux allures simples, qui était si insouciant de la pompe et des grandeurs. Il avait succombé, bien moins à un mal en somme très curable, qu'à une continuelle et terrible tension d'esprit survenant au déclin de sa vie, alors qu'il lui aurait fallu du repos, après s'être si noblement dépensé au service de la France, dans les climats les plus meurtriers du monde.

Chargé de sauver Paris, il avait accompli en silence son œuvre écrasante, s'enfermant beaucoup à travailler seul dans une salle austère qui — au lendemain des batailles de la Marne, où il avait pris la grande part que l'on sait — était devenue sa tour d'ivoire. Ayant eu l'honneur de servir une année sous ses ordres, si souvent je l'ai vu là, dans ce bureau qui n'avait guère pour meubles que des tables de bois blanc, couvertes de papiers et de cartes d'état-major ! Penché sur ces cartes déployées, il traçait les dessins bleus ou rouges, qui étaient pour ainsi dire les premières fixations de sa très savante stratégie ; — et tout cela ensuite, sous sa pression énergique, se matérialisait fiévreusement en ces lignes de défense, batteries, tranchées, entrelacs de fils barbelés, qui, au su de l'ennemi, transformèrent le département de la Seine en une imprenable citadelle. N'attendant rien en retour, ne désirant rien d'autre que de faire son devoir jusqu'à la mort, il ouvrait difficilement sa porte, se défendait contre toute publicité, restait dédaigneux de toutes distinctions nouvelles, — et certes, il n'eût jamais songé à cette manifestation d'hier, que la population de Paris, par sa présence et son recueillement, est venue entourer d'une grandeur d'apothéose... Mais le sens populaire, qui s'égare si souvent dans ses haines, ne se trompe presque jamais quand il s'agit de remercier, de bénir ; et ces foules, sur son passage, s'étaient convoquées d'elles-mêmes.

Il s'en est allé militairement, couché sur une voiture d'artillerie qui lui faisait le plus beau des chars funèbres, et enveloppé du pavillon français qui est le plus incomparable des draps mortuaires. Le long de l'immense parcours que suivit son cercueil de soldat, ces Parisiens, de qui il avait détourné les Barbares, se pressaient en masses plus compactes que pour aucune entrée de souverain, et le saluaient dans un religieux silence.

Ensuite, sur la place de l'Hôtel-de-Ville où le char s'arrêta une heure environ, ses funérailles atteignirent la plus émouvante splendeur.

Longuement, très longuement, des soldats défilèrent devant lui, pour l'adieu et le suprême salut de leur drapeau; non pas des troupes quelconques, mais de ces troupes sublimes que l'on avait fait revenir en hâte du front le plus proche, de celles qui s'étaient battues depuis bientôt deux années sans défaillir; dans leurs capotes de bataille, bleu horizon, un peu défraîchies malgré de soigneux coups de brosse, mais d'autant plus glorieuses et touchantes, elles marchaient fières, superbes, ces troupes déjà si souvent décimées, gardant des alignements impeccables et donnant bien l'impression de la tranquille force française.

Quand elles eurent toutes passé, on vit paraître, inattendues et saisissantes, des sections au visage tout noir sous la coiffure bleue : Sénégalais ou Sahariens, qui vinrent se ranger près du cercueil pour le tableau final, afin d'envelopper d'exotisme le héros dont c'était la dernière fête, et de rappeler aux mémoires cette Afrique lointaine, qu'il avait tant contribué à rendre française.

Pendant toute la cérémonie grave des musiques

de cuivres, s'alternant, n'avaient cessé de jouer ces hymnes de gloire qui s'appellent *la Marseillaise, Sambre-et-Meuse, le Chant du Départ*, dont on a trop abusé peut-être, mais qui, ce jour-là et sur cette place, semblaient renouvelés ; on ne se lassait pas de les entendre, et, chaque fois que revenait la phrase : « Mourir pour la Patrie », répétée comme avec une insistance d'incantation, on la comprenait plus profondément ; elle s'appliquait d'ailleurs si bien à celui qui dormait là, sur ce char de guerre, que des larmes embrumaient les yeux.

Nos jardins, nos places sont encombrés de statues, pour la plupart trop hâtives, accordées à des gloires insuffisantes ou éphémères qui ne résisteront pas à l'effacement des années. Mais envers lui, qui fut un grand sauveur, Paris a contracté une dette ; il faudrait, en un point choisi de la ville, lui élever un monument qui en éclipserait beaucoup d'autres...

UNE DEMI-DOUZAINE

DE

PETITES CONSTATATIONS

I

Presque toujours, ceux que nous appelons improprement « mal élevés » sont des êtres qui ont reçu au contraire une éducation plus que suffisante, mais qui y sont restés foncièrement réfractaires. Dieu merci, on trouve, comme compensation, de braves gens si « bien élevés » parmi ceux qui n'ont pas été élevés du tout!...

II

Dans le peuple, et surtout dans celui des campagnes et des bords de la mer, la vraie goujaterie n'existe pour ainsi dire pas; tout au plus commence-t-elle chez les ouvriers des villes. Non, c'est chez les gens dits « du monde » qu'il faut la chercher; oh! là, quand par hasard on la rencontre, elle est complète. Et ce sont les fils d'enrichis qui en détiennent le record.

III

Le cochon n'est devenu sale que par suite de ses fréquentations avec l'homme. A l'état sauvage, c'est un animal très propre.

IV

Les gens très laids, comment ne pas sympathiser avec eux, s'ils le savent, s'ils en souffrent, et s'ils s'efforcent d'être le moins possible désagréables à voir. Mais il est des laideurs satisfaites, étalées, agressives, qui sont plus exécrables que des vices.

V

On rencontre souvent des têtes humaines marquées au sceau d'une si incurable bestialité, que l'on n'arrive pas à admettre la présence là dedans d'une âme tant soit peu capable de revivre après la mort terrestre. Non, cela s'en ira pourrir dans quelque cimetière, sans plus.

En revanche, au fond des yeux de certains animaux supérieurs, chiens, chats ou singes, on voit passer parfois, aux heures d'agonie ou seulement d'angoisse, d'inoubliables expressions de tendresse, de prière, et comme d'anxieuses interrogations sur la vie et sur la mort. Alors il semble révoltant et inadmissible que toute cette flamme intérieure soit condamnée à s'éteindre pour jamais dans la poussière.

VI

Pour ne pas faire de peine aux humbles, pour ne pas blesser les petits, il y a un certain tact qui vient du cœur et que les êtres les moins cultivés possèdent souvent par nature, mais que, par contre, l'éducation ne saurait donner, même aux gens les plus affinés du monde.

LE PRINCE ASSASSINÉ PAR *EUX*

YOUZOUF-YZEDDIN

Février 1916.

Avant que l'oubli soit retombé sur ce prince ami de la France, dont l'Allemagne vient de se débarrasser par un de ses crimes coutumiers, je voudrais dire quelques mots de lui.

Lors de mes premiers séjours à Constantinople, sous le règne du sultan Abd ul-Hamid, il était, comme tous les princes pouvant de près ou de loin prétendre au trône, gardé dans une tour d'ivoire, personne n'avait le droit de l'approcher et la prudence exigeait même que l'on ne prononçât pas son nom.

Ce n'est qu'en 1910 que j'eus l'honneur d'être admis auprès de lui, quand je revins en Turquie sous le règne débonnaire du sultan Mahomet V;

il était alors à peine libéré de son étouffante séquestration et commençait à vivre de la vie de tout le monde. Un ministre ottoman, qui était son ami et le mien, m'avait proposé de me présenter, devinant que j'aimerais à connaître cette attachante figure.

Je me rappelle mon étonnement quand la voiture qui nous menait à cette audience prit le chemin de Dolma-Bagtché. Comment! il était là maintenant, l'héritier présomptif de Turquie, à côté du sultan régnant, installé en toute liberté dans une aile du même palais! Les temps étaient donc bien changés!

A peine quelques gardes, aux portes grandes ouvertes de ce palais blanc, assis au bord de l'eau bleue sur son quai de marbre, et l'on entrait sans formalités aucunes. — Oh! jadis, ce seuil redoutable d'Yeldiz, que tant d'êtres humains avaient franchi pour n'en plus sortir! — Quelques aides de camp dans les antichambres du prince, beaucoup de livrées dans les escaliers, mais pas un visage inquiétant nulle part; une impression de confiance et de bon accueil.

Ici se place un détail qui semblera bien personnel et bien puéril, mais qui s'est gravé dans mon souvenir parce que je lui ai dû l'une de mes plus complètes illusions d'être vraiment quelqu'un de cette Turquie, que j'ai tant aimée et dont rien ne me détachera. Par suite d'un quelconque incident de voyage, j'avais égaré mon chapeau de cérémonie (il sévit même là-bas, pour les Européens, notre imbécile haut de forme), et il m'avait fallu à la dernière minute demander au prince la permission de me présenter en fez; cela me conduisit donc à faire en entrant, pour la première et sans doute la seule fois de ma vie, le grand salut de cour à la turque : s'incliner beaucoup, toucher le sol de la main droite, ensuite porter la main au cœur, et puis se toucher le front pour finir.

Le prince nous fit asseoir près de lui, dans un de ces salons aux tapis merveilleux, dont les fenêtres donnent sur la féerie du Bosphore; on apporta le café dans les petites tasses aux pieds d'or et de diamants et la conversation commença.

L'envie me prenait bien de répondre en turc, cependant je n'osai point. Ne devais-je pas d'ailleurs imiter la correction de ce prince, qui parlait sans nul doute le français mieux que je ne parlais sa langue, et qui s'abstenait pourtant, de peur de mal s'exprimer? Et ce fut tout le temps notre ami commun qui traduisit.

Le prince était un homme d'une cinquantaine d'années, de petite taille, sans élégance dans la tournure, sans beauté sur le visage, mais avec des yeux de haute et claire intelligence, dont l'expression charmait. L'air très énergique, même un peu rude, il parlait d'une voix brève, autoritaire, mais qui se tempérait tout à coup par des intonations douces et bienveillantes. A ses quelques violences soudaines, à ses explosions de volonté, on sentait l'ancien captif, le longuement emmuré du palais, qui s'éveillait dans l'impatience de vivre et d'agir. Héritier d'un empire encore immense, qui allait de l'Adriatique à la mer des Indes, frôlait le Caucase et plongeait jusqu'au Soudan, il pouvait espérer un incomparable avenir, dans une Turquie nouvelle, où tous les esprits, après avoir brisé d'un coup les servitudes séculaires, ne songeaient qu'à courir vers les mirages du « progrès »...

Nous parlâmes surtout de la France, presque uniquement de la France; ainsi du reste que la plupart de ses compatriotes, il nous considérait comme la nation d'élite, en même temps que comme la nation amie par excellence, celle dont on aime tout, les coutumes, les idées, la littérature et le langage.

Je passe trois années, pour en venir à la visite d'arrivée que je lui fis en 1913, quand je retournai dans son pays après la période terrible où tout faillit s'anéantir. En Europe, il ne restait plus qu'un lambeau de cette grande Turquie de jadis; mais elle était toujours vivante, toujours debout des deux côtés du Bosphore, ce qui semblait un rêve, après qu'on en avait pris le deuil, — et, parce que je l'avais défendue de toutes mes forces, j'y étais accueilli avec mille fois plus de reconnaissance que je ne le méritais, presque comme un libérateur.

On m'avait dit : le prince n'habite pour ainsi dire plus Dolma-Bagtché ; il s'est choisi une retraite solitaire, haut perchée, en face, sur la côte d'Asie. Sans doute s'était-il retiré là pour mieux méditer sur les effroyables malheurs de sa patrie, méditer sur ce qui lui restait d'avenir, et aussi pour échapper à l'emprise allemande, qui se dessinait déjà intolérablement.

Il fut difficile à trouver, son ermitage, perdu sur une petite cime au milieu de la brousse. Ma voiture à la turque, louée sur la place de Scutari, monta péniblement par des sentiers de rocailles, sous ce chaud soleil d'un été d'Asie, et, quand j'arrivai, je pensai me tromper, tant la demeure s'annonçait petite et modeste. C'était cela cependant, et je pus m'inscrire, non sur un registre, car il n'y en avait pas, mais sur un bout de papier quelconque, fourni par un serviteur ahuri de me voir.

Le lendemain, le prince me reçut en bas, au bord de l'eau, rive d'Europe, dans le somptueux palais officiel, et, quand j'entrai, sa main me fut tendue avec un élan que je ne lui connaissais pas. Ce n'était plus du tout l'accueil seulement aimable, sympathique sans plus, des audiences passées, il s'y mêlait aujourd'hui quelque chose de confiant et d'affectueux ; depuis la dernière fois, j'avais gagné son cœur : comme tout son peuple, il m'avait voué une reconnaissance excessive, et si touchante, de ce que j'avais été la voix à peu près unique osant s'élever en faveur de la Turquie, au milieu du concert des calomnies salariées ou simplement absurdes.

Le prince me dit sa stupeur douloureuse d'avoir vu la France, vers laquelle s'était tourné son espoir, la France alliée ou amie depuis des siècles, accabler d'injures son pays à l'instant de la suprême détresse. Dans son indignation toute fraîche contre les mensonges des Bulgares et les horreurs sans nom, pires que *à l'allemande* qu'ils venaient de commettre, il souffrait encore cruellement d'avoir entendu chez nous de folles apologies de ce peuple et de son ignoble Cobourg. — On se souvient en effet qu'elles ne tarirent pas, les louanges délirantes, jusqu'à l'heure où le premier coup de traîtrise dudit Cobourg contre la Serbie, vint tout de même nous ouvrir un peu les yeux.

— Ne nous accusez que d'ignorance, monseigneur, lui dis-je. Interrogez ceux d'entre nous qui ont habité votre pays, qui ont vu de près et qui savent; l'amitié de tous ceux-là, je vous assure, vous est restée.

Et, si nous avions été en 1916 au lieu d'être en 1913, j'aurais pu ajouter : « Interrogez nos officiers et nos soldats, qui, presque tous, étaient partis pour les Dardanelles avec un cœur empoisonné de préjugés et de haine contre les Turcs. Ils sont revenus pleins d'admiration et de sympathie pour eux, pour leur courage sublime, pour leur douceur à soigner et relever nos blessés et nos prisonniers, malgré la barbarie allemande qui les harcelait par derrière. »

En effet, j'ai causé avec beaucoup de nos héros, à leur retour de là-bas, et jusqu'à présent je n'en ai pas trouvé un seul qui ne m'ait dit : « Vous aviez raison et nous n'éprouvions plus le sentiment de nous battre contre de vrais ennemis. »

J'en viens, pour finir, à notre entrevue d'adieu. C'était la veille de mon départ, à la fin de l'été 1913. Une erreur de transmission m'avait fixé pour quatre heures l'audience qui était en réalité pour trois, et il était déjà trois heures et demie quand j'en fus informé. J'habitais alors, au fond de Stamboul, une très vieille maison que le Comité de défense nationale turque avait arrangée pour moi, avec un goût exquis, à la mode ancienne, — et c'était très loin de Dolma-Bagtché, à deux ou trois kilomètres environ, de l'autre côté de la Corne d'Or. Mon Dieu, si le prince avait déjà quitté le palais, où peut-être il était descendu exprès pour moi, s'il était déjà reparti, comme chaque soir, pour son ermitage sur la colline d'Asie !... Toutes les excuses que je pourrais lui faire, après, par lettre, ne changeraient rien à mon regret de m'en aller ainsi sans l'avoir vu.

Et je me suis mis en route bride abattue, descendant, au galop de mes chevaux, des pentes où les cochers de chez nous n'auraient pas osé se risquer, même au pas et la mécanique serrée. Il est vrai, à Stamboul, on ne serre jamais le frein, non plus que l'on ne ralentit aux descentes les plus raides; mais c'est égal, cette vitesse de cheval échappé, dans les rues presque désertes, étonnait les rares passants. D'autant plus que c'était un dimanche, et, bien que ce jour de la semaine ne soit pas celui où les musulmans se reposent, il épand quand même son silence et son calme nostalgique, ici tout comme sur nos villes occidentales, Constantinople renfermant des centaines de milliers de chrétiens qui sont d'ordinaire ses habitants les plus agités.

J'arrivai avec une heure de retard au palais blanc qui semblait accablé lui aussi par cette morne tristesse du dimanche, en même temps que par cette chaleur toujours un peu mélancolique des beaux soirs de fin septembre; il y avait même quelque chose de plus, un air d'abandon que je remarquais pour la première fois, presque du délabrement commencé, et un indéfinissable présage de mort : deux gardiens seulement à la porte, de l'herbe verte entre les dalles de la cour, trop de silence, et pas de livrée dans le grand escalier spécial du prince.

A l'intérieur cependant, la magnificence était toujours pareille, et je trouvai le prince qui avait eu la bonté de m'attendre. Avec la plus cordiale bonne grâce, il accepta mes excuses, et je pus avoir avec lui cette dernière causerie, que j'avais tant craint de manquer.

Je sentis bien en lui cette fois le « vieux Turc » qu'il avait la réputation d'être, mais il me sembla que c'était dans le sens le plus intelligent et le plus large de ce mot. Il ne lui paraissait pas que, pour assurer le bonheur de son peuple, il fût bon de lui faire renier ses traditions et sa foi, et de le jeter tête baissée dans la servile imitation de l'Occident. D'ailleurs, ami des Arabes, qui sont par excellence des conservateurs d'Islam, et aimé par eux, il devait songer à organiser leurs provinces lointaines et à trouver dans leurs vastes territoires des compensations à ce qu'il venait de perdre en Europe.

— Ainsi c'est bien entendu, me dit-il, en me donnant congé, je vous autorise à m'écrire directement de France tant que vous voudrez, sous double enveloppe, avec votre nom et la mention *personnel* sur la seconde. Dites-moi tout ce que vous penserez et ce que l'on pensera de nous là-bas, même et surtout quand nous serons critiqués. Et *faites-moi part de tout ce qui, à votre avis, pourrait rapprocher nos deux patries.*

En lui serrant la main, j'eus le pressentiment très net que je ne le reverrais plus. Le lendemain matin, au moment où j'allais prendre le paquebot, un de ses aides de camp m'apporta son portrait, dans un cadre d'argent massif ciselé magnifiquement et surmonté de la couronne avec le croissant d'Islam. Et je quittai mon cher Stamboul avec le même pressentiment que j'avais eu pour le prince : la presque certitude de ne le revoir jamais.

*

J'ai usé de la permission et il a reçu plusieurs de mes lettres, dans le courant de l'automne 1913 et du printemps 1914. Il me répondait, et ses réponses, où des images orientales si jolies se mêlaient aux choses précises, indiquaient bien qu'il avait été épargné par le modernisme. La dernière fois que je lui écrivis, ce fut en même temps qu'à Enver pacha, quand je sentis venir l'heure décisive où la Turquie allait s'associer à l'agression allemande, et c'était pour l'adjurer d'employer toute son influence à retenir son pays sur cette pente de la mort. Ma lettre fut certainement interceptée; elle n'aurait rien changé, hélas! il va sans dire et je le sais bien; mais quand même, j'aurais aimé que ce suprême cri d'alarme fût arrivé jusqu'à lui.

Pauvre prince! Allah lui a fait la grâce de mourir avant de connaître la défaite, ou le déshonneur de l'asservissement. Lui qui était un traditionnel, il a été conduit à son tombeau avec l'apparat des anciens sultans, qui ne se reverra peut-être plus. Enveloppé du velours cramoisi, où des sentences du

Prophète sont brodées en lettres d'or, il a traversé, suivi d'un cortège étrangement pompeux, un Stamboul encore à peu près intact et oriental. C'est dans les sonorités profondes de Sainte-Sophie encore musulmane que les prières des morts ont été chantées pour lui. Et c'est dans Stamboul même qu'il est endormi maintenant, sous quelque haut catafalque aux saintes broderies coraniques, à l'ombre de l'un de ces kiosques funéraires aux blancheurs de marbre et aux grilles d'or[1], que les prochains envahisseurs et le « progrès » respecteront peut-être encore pendant un certain nombre d'années.

Donnons-lui une pensée de regret, non seulement parce qu'il aurait pu être un grand et bienfaisant souverain, mais parce qu'il aimait notre cher pays. Un de ses rêves, si j'ai bien compris, eût été un vaste empire oriental, puissant par le loyalisme des Arabes et par l'amitié de la France. Et il lui a fallu payer de sa vie son trop clairvoyant dégoût pour l'Allemagne !

1. Celui du sultan Mahmoud.

LA FEMME TURQUE

CONFÉRENCE FAITE A « LA VIE FÉMININE ».

Mars 1914.

C'est un contresens, n'est-ce pas, cela semble une gageure, de m'avoir demandé, — à moi, qui suis tout ce qu'il y a de plus réactionnaire et même aux trois quarts bédouin, — de m'avoir demandé, dis-je, de prendre la parole, le premier, ici, dans cette salle destinée à entendre de beaux discours sur des questions ultra-modernes, sur le féminisme, le futurisme, ou sur cette course au détraquement et à la souffrance que les naïfs appellent le progrès.

Vous imaginez donc avec quelle horreur j'avais refusé d'abord. Mais voici, j'ai cru réentendre tout à coup une voix lointaine, celle d'une jeune morte qui repose là-bas en Orient, et la voix m'implorait en ces termes — que je vais lire, pour être plus sûr de n'y rien changer :

. . . .

La lettre est datée de 1906.

Aurez-vous bien senti la tristesse de notre vie ? Aurez-vous bien compris le crime d'éveiller des âmes qui dorment et puis de les briser si elles s'envolent, l'infamie de réduire des femmes à la passivité des choses?... Dites-le, vous, que nos existences sont comme enlisées dans du sable, et pareilles à de lentes agonies... Oh! dites-le! Que ma mort serve au moins à mes sœurs musulmanes! J'aurais tant voulu leur faire du bien quand je vivais!... J'avais caressé ce rêve autrefois, de tenter de les réveiller toutes... Oh! non, dormez, dormez, dormez, pauvres âmes. Ne vous avisez jamais que vous avez des ailes!... mais celles-là qui déjà ont pris leur essor, qui ont entrevu d'autres horizons que celui du harem, oh! Loti, je vous les confie; parlez d'elles et parlez pour elles. Soyez leur défenseur dans le monde où l'on pense. Et que leurs larmes à toutes, que mon angoisse de cette heure, touchent enfin les pauvres aveuglés, qui nous aiment pourtant, mais qui nous oppriment!...

. . . .

Donc, j'ai cédé à la voix de la jeune morte, — et, puisque, dans cette salle, on doit parler de la femme, — de la femme en mal d'évolution et de vertige, — je parlerai de la femme turque, dont l'évolution en ce moment bat son plein.

Mais, avant de commencer, voudrez-vous bien, mesdames, me pardonner une petite digression, qui n'a rien à voir avec le sujet, qui ne sera pas flatteuse peut-être, mais qui m'est inspirée irrésistiblement par votre aspect d'ensemble ?

Si cette réunion, là devant moi, était composée de femmes orientales, il s'en exhalerait une impression de tranquille et charmant mystère ; ce serait un vrai repos pour les yeux ; les costumes aux plis discrets, très enveloppants, auraient parfois, il est vrai, d'éclatantes couleurs de soleil ; à côté des austères « tcharchafs », il y aurait des « mechlas », tous lamés d'or, les uns rouges, les autres bleus, les autres verts ; mais chaque femme serait, des pieds à la tête, drapée dans une même étoffe, d'une même nuance, sans ces mille petits ornements bigarrés, ingénieux et drôles, qui font papilloter les yeux du plus loin que l'on vous regarde. Et puis surtout, les têtes seraient uniformément enveloppées de voiles aux plis archaïques, laissant peu voir les visages, découvrant surtout les grands yeux ; tout l'ensemble aurait l'air baigné de paix et d'harmonie.

Tandis que, vue d'un peu haut, comme je suis placé, cette petite houle de têtes follement emplumées me rappelle, — oh ! pardon, j'ose à peine continuer, — me rappelle, disais-je, ce que l'on m'a montré une fois dans le Far-West du Nouveau Monde : un meeting de Peaux-Rouges qui venaient de se parer pour la danse du scalp!... Mais oui, mesdames... Et encore, ces êtres primitifs, mais assez pondérés (qui étaient, je crois, des Sioux), avaient-ils arrangé leurs plumets avec un certain goût de la régularité et de la symétrie, tandis que, dans la façon dont les modistes vous obligent à placer les vôtres, ceux-ci piqués au bout d'un petit bâton, ceux-là tout de travers sur l'oreille, ou bien en saule pleureur sur la nuque, — il y a certainement un léger grain de névrose ou même de folie...

Pour finir ma digression, permettez-moi de vous dire une chose plus mélancolique : je distingue sur vos chapeaux d'innombrables aigrettes, d'innombrables touffes de Paradis, et je songe à tous ces massacres sans pitié dont vous êtes la cause, à toutes ces tueries pour vous plaire, que des chasseurs ne cessent de perpétrer, là-bas, jusqu'au fond des forêts de la Guyane ou des îles de la Sonde. Pauvres petits êtres ailés, inoffensifs et charmants qui, dans moins d'un demi-siècle, grâce à vous, n'existeront plus nulle part, et dont quelques variétés, des plus merveilleuses, ont déjà disparu sans retour!...

Quelle inquiétude, n'est-ce pas, quel sacrilège et quel crime, d'avoir ainsi rejeté au néant toute une espèce, que nul ne pourra jamais recréer sur terre!

Et quel problème cela conduit à frôler, quand alors on se demande par qui et pourquoi ces ailes, ces plumes avaient été imaginées et peintes d'aussi rares couleurs!... Mesdames, je vous demande grâce pour les oiseaux; vous serez tout aussi jolies, je vous assure, et d'aspect moins cruel, quand vous n'aurez pas ces débris de leurs pauvres petits cadavres étalés sur vos têtes!...

. . . .

Je m'excuse encore et je reviens aux femmes turques, — non sans avoir constaté, avec regret, que le rêve de quelques-unes d'entre elles, déjà un peu déséquilibrées par votre exemple, serait, hélas! d'oser se coiffer comme vous.

Commençons par les aïeules, dont quelques-unes, au fond des harems, vivent encore, vêtues des lourdes soies d'autrefois, un petit turban de mousseline posé sur leur chevelure blanche. Ce sont les tout à fait inconnaissables pour nous, celles qui n'ont jamais appris nos langues d'Occident, celles que jadis, au temps de ma prime jeunesse, il m'arrivait de rencontrer la nuit, en mystérieux groupes de fantômes, marchant à la lueur du fanal de cuivre que portait un eunuque à bâton, dans les rues du grand Stamboul, alors silencieux et sombre, oppressant d'être si fermé et si noir. Celles-là, depuis des siècles, n'avaient pas évolué; sans répondre cependant au type que l'on s'imagine encore chez nous de l'odalisque oisive et trop grasse, fumant son éternelle cigarette et mangeant ses éternelles sucreries, elles étaient de tranquilles et satisfaites recluses, jouant du luth et de la viole, disant des poésies persanes, ou bien, à travers les grilles de leurs fenêtres, contemplant le monde extérieur. — Et c'était si beau, en ce temps-là, ce qu'il leur était donné de contempler ! C'était si beau avant que nos fumées et nos ferrailles eussent commencé de l'enlaidir, ce décor de l'Orient, avec les mosquées, les fontaines et le Bosphore ou la Marmara que sillonnaient les voiliers aux poupes relevées en château ! — Étaient-elles malheureuses, ces Turques d'autrefois, malheureuses et tourmentées comme leurs petites-filles ou comme nos Françaises d'aujourd'hui? Je ne le pense pas. D'ailleurs, elles avaient des devoirs sacrés à remplir, on leur confiait un rôle grave, un sacerdoce dans la vie : l'éducation de leurs enfants, et elles étaient des mères admirables, d'ailleurs tellement respectées, — oh! bien plus encore que les mères de chez nous, — tellement écoutées, qu'elles laissaient sur leurs fils une empreinte qui ne s'effaçait plus. Elles préparaient ces hommes, les vrais Turcs d'autrefois, — je prie de ne pas confondre Turc avec Levantin, ni même avec Ottoman, — les vrais Turcs d'autrefois, dis-je, qui, avant les contacts trop prolongés avec nous, ne s'écartaient jamais des traditions de loyauté à toute épreuve, de noblesse, de bravoure et de courtoisie.

Le seul côté douloureux de la vie de ces aïeules était l'incessante introduction dans le ménage d'épouses nouvelles à mesure que vieillissaient les anciennes. Mais les caractères sont là-bas plus passifs et plus doux qu'en France, au dehors du moins ; entre elles, toutes ces femmes d'un même maître devaient toujours se donner le nom de *sœurs*, et le plus souvent se supportaient sans trop d'amertume, quelquefois même s'aimaient fraternellement. Et puis c'était l'usage immémorial ; on y était préparé. Je ne crois donc pas qu'il y eût là de trop terribles sujets de souffrance. Non, mais le plus fâcheux, c'est que cette quantité de sœurs donnait, dans les familles, à la génération suivante, un véritable encombrement de belles-mères, — car elles devenaient toutes *belles-mères* pour les épouses des fils du maître, quels qu'ils fussent. Et je me souviens qu'un jour une dame turque déjà âgée, fille d'un pacha très vieux jeu, se plaignait à une plus jeune, en visite chez elle, d'avoir eu trente-deux belles-mères, — ni plus ni moins, si je ne me trompe, — toutes enterrées aujourd'hui à des kilomètres les unes des autres, en différents cimetières de Stamboul, ce qui la mettait dans l'obligation, tous les ans, à certaine date qui correspond à notre fête des morts, de se lever dès l'aube, pour avoir le temps dans sa journée de dire une prière sur la tombe de chacune d'elles, ainsi que l'usage le commande.

— Hélas! lui répondit en riant la jeune visiteuse, trente-deux belles-mères mortes, c'est une charge, en effet; mais qu'est-ce que je dirai donc, moi, qui n'en ai encore que sept, c'est vrai, mais toutes en vie!...

**

Ensuite parurent les grand'mères et les mères de ces petites fleurs de serre chaude qui sont les dernières venues de la race des Osmanlis. Déjà un peu imbues d'idées occidentales, ces mamans qui frisent aujourd'hui la cinquantaine ou la soixantaine, ces femmes qui mirent au monde les petites orchidées d'aujourd'hui, déjà tout à fait affranchies de l'immuable costume ancien, sauf, bien entendu, pour sortir, déjà lisant nos livres et s'essayant à parler nos langues. Je garde le portrait de l'une d'elles, daté de 1880; adorablement jolie en ce temps-là, elle avait commis cette faute d'Islam (pour l'époque) de se faire photographier, et m'avait envoyé l'image avec cette dédicace : « La première Turque qui ait lu *Aziyadé* ». C'était signé d'un nom de chat, ou plutôt d'un nom de chatte : « Tékir », qui équivaut là-bas au « Moumoutte » de chez nous.

Des années plus tard, en 1904, j'ai pu rencontrer la dame, si longtemps inconnue ; encore belle, avec ses cheveux teints, elle était en révolte ouverte contre la séquestration des harems, contre toutes les traditions islamiques, et s'affichait volontiers libre penseuse, même athée. Plus tard encore, vers 1911, je la retrouvai agonisante après une maladie longue et cruelle ; par un retour complet en arrière, elle maudissait l'Occident et cherchait à ressaisir sa foi perdue ; dans sa chambre, elle voulait toujours des prêtres récitant des prières de l'Islam, et elle envoyait bénir son linge chez les derviches guérisseurs.

Passons maintenant à celles que j'appelais tout à l'heure les petites orchidées. Oh ! combien déroutantes, diverses et imprévues, ces très jeunes !

De même que les terrains vierges, soumis à une culture intensive, font éclore en hâte des fleurs agrandies ou étranges, de même ces jeunes têtes, issues d'une longue série de cerveaux que personne ne fatigua jamais, s'assimilent presque trop aisément toutes les connaissances humaines, sciences, philosophies, littératures ou musiques. Il en résulte, en général, des petites créatures savantes qui, sans cesser d'être primesautières et délicieuses, rendraient des points à nos agrégées. Par exception, il en résulte aussi quelques déséquilibrées, capables de tout chavirer et de devenir les plus violentes suffragettes. Je connais même un cas où l'éducation, opérant à rebours de tous les présages, a donné une petite réactionnaire farouche, qui se voile plus impénétrablement, refuse de parler aucune langue des infidèles et n'admet que la littérature turque, arabe ou persane. Et ce qu'elles sont gentilles, éveillées, pleines de surprises, toutes ces petites nouvelles venues, plutôt trop instruites à mon gré ! Ce qu'elles sont élégantes aussi, et fines dans leurs robes parisiennes, ou même sous leur sombre « tcharchaf » pour la rue ! Un de leur grand charme, sans doute, c'est qu'en y regardant de près, on retrouve en elles sous ce prodigieux vernis de modernisme, des Orientales quand même, qui lisent Hafiz et Sâadi, et qui le soir disent leur prière en arabe, avant de s'endormir sous un verset du Coran accroché au mur comme un tableau.

Si tant de connaissances subversives ont cependant un peu ébranlé la foi dans leurs âmes de transition, elles leur ont laissé, comme à leurs aînées, l'ardent amour de la patrie ; pendant la guerre balkanique, toutes les femmes turques, jeunes ou vieilles, ont eu des exaltations sublimes et des dévouements sans bornes, donnant tout, leur argent, leurs bijoux, leurs fourrures, soignant les blessés et poussant les hommes aux résistances suprêmes.

Du reste, l'horrible tuerie a eu pour résultat d'émanciper beaucoup d'entre elles, de leur ouvrir quantité de carrières où elles peuvent gagner leur pain sans le secours des hommes tombés en masse sur les champs de bataille ; elles étaient déjà professeurs dans les lycées : les voici infirmières dans les hôpitaux, directrices dans les ouvroirs. Il paraît même que, depuis mon dernier séjour en Turquie, elles viennent d'être admises, horreur !... *dans les téléphones*, ce qui m'a d'abord semblé la fin de tout ! A bien réfléchir, cependant, c'était tout indiqué pour elles, ces emplois d'invisibles ne travaillant qu'au bout d'un fil tendu ; mais non, je n'arrive pas encore à me représenter ces petites fonctionnaires qui, leur service fini, quittent le bureau sous la forme de fantômes noirs sans visage.

**

Ce sont les femmes surtout, on le sait, qui, pour essayer de s'affranchir, ont fait la grande révolution de Turquie. Or, voici à quoi se résumaient à peu près les justes revendications de ces insurgées, de celles du moins qui ont assez de bon sens et de goût pour ne pas désirer quitter le voile. D'abord le droit de voyager, de venir en Occident, et là elles ont déjà gain de cause. Ensuite le droit de recevoir des hommes dans leur salon et de converser avec eux; ce deuxième point est à peu près accordé, bien que tacitement. Et enfin le droit de choisir elles-mêmes leurs époux; cela, elles l'obtiendront bientôt, sans doute, et alors se déclareront pour un temps satisfaites.

**
**

Il y a une quinzaine d'années à peu près, le sultan Abdul-Hamid, qui semblait cependant la figure ressuscitée d'un khalife des temps passés, avait déjà lui-même donné l'exemple de cette tolérance en autorisant sa fille chérie à prendre le mari qu'elle choisirait. Ce fut, du reste, un sinistre mariage, qui finit en tragédie. Je vais dire les détails de cette histoire peu connue, tels qu'ils m'ont été contés et affirmés par des officiers de la Cour. On sait qu'Abdul-Hamid avait détrôné son frère, le sultan Mourad, et le tenait enfermé dans le merveilleux palais de marbre de Tcheragan, où il mourut après vingt-huit ans de captivité. Mourad avait une fille, Khadidjé-Sultane, du même âge que celle du souverain régnant, et les deux jeunes cousines étaient devenues inséparables. — Je me souviens d'avoir une fois vu passer, dans sa voiture aux glaces fermées, cette Khadidjé-Sultane, fille de l'impérial captif, et son voile transparent m'avait révélé sa beauté, qui fut célèbre dans les harems; le temps d'un éclair, j'avais entrevu ses grands yeux noirs, un peu terribles, des yeux d'aigle comme en ont la plupart des princes de la dynastie d'Osman, et sa blonde chevelure de Circassienne, tout en or. — Pour les dames de la cour d'Abdul-Hamid, l'étiquette voulait qu'elles fussent toujours en tenue de gala, robes décolletées, de chez nos plus grands faiseurs; des nuances claires, des bleus, des roses, et beaucoup de fleurs au corsage. Mais Khadidjé-Sultane, la fille du prisonnier, sous prétexte de faire valoir ses blonds cheveux, s'obstinait à ne se vêtir que de noir, sans un ornement sur sa toilette à longue traîne; si j'avais été le souverain, peut-être me serais-je ému de cette étrangeté funéraire...

Le jour même où Abdul-Hamid maria sa fille préférée avec le fiancé qu'il lui avait permis de choisir, il voulut marier aussi sa nièce, la jeune sultane en deuil, et lui désigna un époux qui, paraît-il, avait tout pour plaire, même la beauté.

En Turquie, un prince du sang n'a le droit d'épouser qu'une princesse ou une esclave. Mais une princesse peut se marier avec un homme de haute condition quelconque, tout en conservant ses titres et ses droits d'Altesse impériale; c'est ainsi qu'en ce moment même, Enver pacha épouse une nièce de Sa Majesté Mahomed V.

Pour les deux nouveaux couples, unis le même jour, Abdul-Hamid avait fait bâtir des palais pareils, qui sont restés là, frais et charmants, au bord du Bosphore. Entre cousins germains, autant qu'entre frères, on a le droit de se voir, et, comme les jardins communiquaient, ces jeunes ménages vivaient presque ensemble.

Alors, la belle sultane en vêtements noirs qui, depuis l'enfance, ne rêvait qu'au moyen de venger son père en frappant son oncle, résolut d'atteindre ce dernier au cœur, en lui enlevant l'enfant qu'il adorait. Elle joua donc de sa beauté pour affoler d'amour le mari de sa cousine, et, dès qu'elle lui vit la tête assez perdue, elle vint lui dire : « C'est bien simple; empoisonnez votre femme, j'empoisonnerai mon mari, et je promets de vous épouser. Mais commencez, n'est-ce pas. Voici un poison à donner chaque jour par goutte; il est lent et sûr et ne laisse pas de trace. » La jeune sultane condamnée ne tarda pas à dépérir, malgré le désespoir du souverain, qui réunissait autour d'elle les plus éminents docteurs, — jusqu'au moment où une lettre de la meurtrière à son complice fut saisie par des espions, et portée au palais d'Yeldiz.

Abdul-Hamid fit aussitôt appeler sa nièce. Elle *comprit*. Être appelé à Yeldiz avait en ce temps-là une signification infiniment redoutable. Elle fit ses adieux à ceux qu'elle aimait, revêtit ses plus beaux atours sombres, commanda d'atteler sa plus belle voiture et partit escortée de laquais et d'eunuques. C'est ainsi, hautaine et magnifiquement parée, qu'elle franchit les portes terribles, et, comme tant d'autres, mandés là avant elle, on ne la vit sortir jamais.

Justice avait été faite, dans le mystère et le silence, à la mode effarante d'Yeldiz, et personne, bien entendu, n'osa s'enquérir, personne même n'osa plus prononcer son nom, qui parut s'être effacé soudain de toutes les mémoires.

J'ai rapporté cette histoire parce qu'elle m'a paru typique. Il en allait ainsi sous le règne de ce sultan, qu'on appelait le Sultan rouge, mais qui fut quand même une grande figure, et que j'ai des raisons personnelles de défendre, presque d'affectionner, si monstrueux que cela puisse paraître aux non-initiés qui m'entendent.

Je ne conteste pas, il va sans dire, qu'une oppression émanait de son seul voisinage; on ne prononçait son nom que tout bas et en tremblant. Dans une zone de quelques centaines de mètres, le long de son immense enclos gardé par des milliers de soldats en armes, il fallait faire silence dès la tombée de la nuit; pas de musiques, pas de chants, pas de réunions du soir, pas trop de lumières non plus; sur ces entours trop immédiats, on sentait planer de la mort...

Quand même, je ne puis me rappeler sans sourire comment les petites frondeuses d'alors, au courant du coup d'État projeté, le désignaient entre elles, tout en baissant la voix; c'était un diminutif de son nom, dans la manière de vos apaches parisiens qui disent, paraît-il, Gugusse ou Totor. Il fallait entendre avec quelle haine elles prononçaient cela, et en même temps avec quelle ironie, cependant terrifiée, et c'était d'une drôlerie stupéfiante, dans ces bouches d'Orientales, à travers le voile austère : elles l'appelaient Dudul!

C'était hier ce drame des deux sultanes, et on dirait presque un conte d'autrefois, tant la Turquie a marché vite depuis sa révolution.

Autour du palais actuel, plus de farouches murailles, plus de soldats : des plates-bandes de fleurs. Les portes sont ouvertes, accueillantes, et le nouveau sultan maître du logis vous rassure dès l'abord par son regard de bienveillance et de bonté.

Mesdames, je vous demande votre sympathie pour la femme turque de nos jours, qui s'éveille trop vite, qui s'éveille douloureusement, après des siècles d'un presque heureux sommeil. Accordez-la, votre sympathie, votre sympathie dévouée et agissante, à celles qui, derrière les grilles encore fermées des harems, se sentent prises tout à coup de révolte et de vertige, à celles qui sont comme les échelons angoissés et presque torturés entre les musulmanes d'autrefois et les musulmanes de demain. Allez un peu vers elles — Constantinople n'est plus, hélas! qu'à deux jours de Paris — correspondez avec elles, recevez-les lorsqu'elles viennent chez nous; aidez-les de votre acquis, et conseillez-leur de ne pas courir trop vite dans les routes inconnues qui mènent à l'avenir. Ce sont vraiment vos sœurs, je vous assure, car, malgré les tendances allemandes de leur gouvernement, malgré l'odieuse campagne menée contre leur pays en détresse par certains de nos journaux plus ou moins vendus au petit Néron de Bulgarie, malgré tant de basses injures qui auraient dû les détacher de nous à jamais, c'est toujours vers la France qu'elles tournent les yeux, toutes ces écolières ou bachelières des nouvelles couches. Ces jeunes femmes encore voilées sont les vraies et les *seules* Françaises de l'Orient. Il suffit d'ailleurs, pour s'en convaincre, de les écouter parler notre langue si purement, avec des intonations un peu musicales qui la rendent plus jolie. Oh! oui, elles sont essentiellement vos sœurs, par l'esprit et par la culture de leur esprit. Leurs lettres du reste le prouvent assez, ces pauvre lettres de captives que j'ai intercalées — sans y changer même une virgule, je le jure — dans un de mes derniers livres, et dont vous venez d'entendre lire un si authentique, hélas! et si inoubliable passage [1]...

Pour finir, je suis bien obligé, malgré mon dédain pour le *progrès*, de reconnaître, avec tout le monde, que c'est un mal incurable, et que la marche en arrière n'est plus possible. Alors, puisque la situa-

---

1. A cette même conférence, madame Bartet venait de lire une lettre de jeune femme turque.

tion des femmes en Turquie est devenue presque un supplice avec l'éducation nouvelle, je me rallie par force à ceux de mes amis turcs qui sont d'avis de briser mille choses du grand passé. Et je dis avec eux, mais non sans inquiétude : oui, ouvrez toutes les cages, ouvrez tous les harems... Cependant ne les ouvrez pas trop vite, de peur que les jeunes oiseaux prisonniers ne prennent un vol éperdu, avant de bien savoir encore où les conduiront leurs ailes inexpérimentées et fragiles.

SIMPLE GENTILLESSE ENTRE VOISINS

Octobre 1916.

Quelque part dans notre France, tout près de la terrible frontière qui brûle, s'élève cette gentille cime, que recouvrent des bouquets de pins, des pelouses, des mousses, et qui paraît tout innocente ; une petite cime modeste, qui n'a l'air de rien comparée aux vraies montagnes du voisinage, mais où l'on respire déjà quand même le bon air pur des altitudes, et d'où l'on domine des lointains profonds : en regardant vers l'Est, le côté qui nous préoccupe, c'est une large, une immense vallée, avec des champs, des ruisseaux, des villages, et puis, fermant la vue, une chaîne de hauts sommets tapissés de forêts. De ce côté-là, qui paraît si tranquille, quelque chose de tragique se passera bientôt, à l'heure sans doute précise qui nous a été confidentiellement annoncée, et nous attendons. Il fait un temps tout à fait rare, en cette région où l'automne, d'habitude, est précoce et sombre ; le ciel, sans un nuage, est d'une étonnante limpidité bleue, et le soleil — un peu mélancolique cependant, sans que l'on puisse expliquer pourquoi — rayonne et chauffe comme si l'été ne venait pas de finir.

Pour un peu, on serait tenté de s'allonger sur l'herbe à peine froide, où quelques tardives scabieuses fleurissent encore.

Dans un groupe de jeunes pins bien verts, se dissimule un de ces petits villages, comme nos soldats ont appris à en construire un peu partout le long du front ; à moitié souterraines, les maisonnettes ont cependant devant leurs portes des jardinets de poupée, bien soignés, bien entretenus, jusqu'aux gelées de demain qui vont les anéantir. Et une cinquantaine de canonniers vivent là, loin de tout, en Robinsons, mais contents et de belle mine. Dans ce même bosquet, il y a aussi des canons de 75, mais qui n'ont pas l'air méchant ; à demi cachés sous de frais branchages, bien « camouflés », bien peinturlurés, tout zébrés de vert, de brun ou d'ocre, ils ressemblent plutôt, comme pelage, à de gros lézards qui sommeilleraient dans les broussailles. Bien entendu, il suffirait de deux secondes pour les débarrasser de leur verdure et les dresser presque debout, pointés vers les nuages, — car c'est toujours en l'air qu'ils *travaillent*, ceux-là, étant destinés et exercés à décrocher du ciel les avions boches.

Il en vient souvent par ici, de ces oiseaux de mort, et constamment des hommes de guet se relèvent, scrutant toutes les régions du ciel qui, aujourd'hui par grande exception, est si magnifiquement bleu. Dès qu'un avion apparaît, en un point quelconque de l'espace, un coup de sifflet spécial met tout le monde en éveil. Et combien ils sont habitués et habiles, ces guetteurs, à distinguer les unes des autres les différentes espèces de ces oiseaux de fer! A leur envergure, à leur couleur, à des riens insaisissables pour les non-initiés, ils les reconnaissent tout de suite, même dans l'extrême lointain. Depuis que nous sommes là, à attendre, plusieurs fois le coup de sifflet annonciateur a rompu le silence et tout le monde s'est redressé, prêt à courir aux pièces de canon. Mais aussitôt les veilleurs ont crié : Non, ne bougez pas, c'est un français, c'est un Nieuport, ou c'est un Farman... Alors chacun a repris sa rêverie tranquille.

Il est du reste étonnant qu'aucun oiseau boche n'ait encore paru, et, si cela continuait, j'aurais perdu ma journée, moi qui avais été envoyé ici pour examiner comment ces canonniers se débrouillent pour les viser et les descendre. Mais il en viendra sûrement ce soir, quand le drame commencera.

Au premier abord, c'est invraisemblable que des choses tragiques puissent se passer tout à l'heure dans l'immense, et si verte, et si paisible vallée qui se déploie sous nos pieds. En regardant bien pourtant, on s'aperçoit que tout n'est pas normal dans le profond paysage et que cette paix n'y est sans doute que momentanée. Il y a d'abord des éraflures singulières sur ces montagnes, si magnifiquement boisées de sapins, qui là-bas vers l'Est bornent le champ de la vue comme une haute muraille; dans les forêts qui les recouvrent, apparaissent çà et là des plaques dénudées, un peu comme si le somptueux manteau de velours vert avait été touché par des mites, et, à la longue-vue, on distingue qu'il n'y a plus, en ces endroits-là, que des squelettes d'arbres, tout déplumés et déchiquetés : ce sont des points stratégiques contre lesquels se sont acharnés les canons... Et, à la longue-vue également, les maisons, les églises de certains villages se révèlent en grand désarroi, fortement criblées par les obus. — Mais cependant, combien tout est calme, aujourd'hui, et confiant, sous cette belle lumière, déjà dorée par l'approche du soir! Non, impossible d'imaginer que, dans quelques minutes, la Mort va revenir ici déchaîner ses bacchanales...

Sur une charmante petite pelouse en gradins, pailletée de scabieuses et de quelques derniers boutons d'or, nous nous sommes installés — un peu trop en vue des Boches peut-être, — mais si bien, et comme dans une sorte d'avant-scène, d'où nous ne perdrons rien du grand spectacle. A l'œil nu on peut aisément suivre, dans la plaine en contre-bas, les lignes des tranchées ennemies et des nôtres, qui ressemblent à de larges sillons de labour, et qui sont étonnantes d'être si voisines; deux cents mètres à peine les séparent, et cependant rien ne bouge... Depuis longtemps, paraît-il, on vivait ainsi, par une sorte d'accord tacite, à se regarder sans se faire mal, comme il arrive en certains points du front. Mais voici une huitaine de jours que les autres sont devenus agressifs, tirant sur tout rassemblement qui se forme, sur toute tête casquée de bleu qui sort d'un trou; c'est pourquoi on leur a préparé la très gentille surprise de ce soir.

Cependant, l'heure est passée, le soleil décline, et le silence persiste... Alors, à mots couverts, je fais téléphoner à une de nos batteries, qui est dans la plaine, dissimulée parmi des saules, pour demander si par hasard il y a contre-ordre, car, dans ce cas-là, je m'en irais, moi, visiter un autre poste de tir, avant que la nuit tombe. (Des fils électriques courent maintenant partout, invisibles, à demi enterrés, reliant ensemble tous nos ouvrages; mais il est prudent de n'y parler que par sous-entendus, à cause des oreilles boches, sans cesse aux écoutes.) On me répond quelque chose comme ceci : « Ne vous en allez pas. — Ah! compris! Donc, attendons encore. »

Tiens! Voici maintenant une musique militaire qui nous arrive, alerte et joyeuse, du fond de la vallée; c'est celle d'un de nos régiments qui est cantonné par là, au repos, dans un village; elle avait pris l'habitude de se faire entendre chaque soir pour égayer les soldats, et, si elle se taisait cette fois, cela pourrait donner à penser, dans les tranchées d'en face. Mais c'est drôle, cet air d'opérette servant d'ouverture à la formidable symphonie qui va éclater de toutes parts.

Toujours rien, pas même un avion dans le ciel sur quoi tirer, et il est quatre heures. Comme s'il n'y avait aucune menace prochaine, un berger passe près de nous, ramenant des vaches débonnaires, qui cheminent avec un bruit de clochettes. Le soleil est déjà assez bas pour que des teintes de cuivre rouge commencent d'apparaître; un froid soudain monte de la terre, et il semble que le calme se fasse plus profond à mesure que baisse le jour. Certes, ils ne se doutent de rien, eux là-bas; à la longue-vue on ne voit personne dans leurs tranchées. Et nous-mêmes, ici, causant d'autre chose, nous finissons presque par oublier, distraits par la longueur de l'attente...

Mais tout à coup la terre tremble. Un orchestre géant, composé sans doute de mille contrebasses, attaque un morceau terrible, attaque *subito*, *fortissimo* et *furioso*, comme conduit par le bâton de quelque chef d'orchestre halluciné. Les parois des montagnes vibrent de tous côtés, tous les échos répètent et amplifient. On dirait que, çà et là, des volcans viennent de s'ouvrir, n'importe où, aussi bien dans les plaines que sur les plus hauts sommets; leurs cratères, qu'on n'aurait jamais soupçonnés, vomissent tous ensemble de lourdes fumées sombres, avec un bruit caverneux, un fracas de cataclysme. Ce sont nos batteries françaises de tout calibre, les proches et les lointaines, qui étaient dissimulées un peu partout et qui, à l'appel des fils électriques, ont fait éclater l'orage avec un stupéfiant ensemble. Dans le concert, l'oreille exercée distingue les différents sons de la tuerie, les basses-tailles de l'artillerie lourde, l'espèce de tambourinement goguenard des crapouillots, le bruit sec et déchirant des 75. Et tout cela converge sur les tranchées boches; de près, ou de quinze ou vingt kilomètres de distance, tout cela leur tombe dessus en avalanche, et les voici bientôt ensevelies sous un épais nuage blanchâtre, de mauvais aspect, que nos canons leur envoient et qui est une fumée d'invention nouvelle, capable à elle seule de donner la mort. — (C'est *eux*, on le sait, qui les avaient infernalement imaginés, ces obus asphyxiants : longtemps nous avions répugné à en faire usage, mais à la fin il a bien fallu nous décider à les en arroser un peu, par représailles.)

En même temps qu'éclataient ces bacchanales de Madame la Mort, un vol d'avions français s'est élevé très vite comme par magie, et maintenant ils tournoient tous, juste au-dessus de nos têtes, insouciants et presque ironiques au milieu de petites houppes de fumée brune, que l'ennemi leur lance et qui sont des éclatements d'obus.

Ah! enfin, nous allons donc pouvoir faire notre chasse aérienne, car voici des avions boches qui se décident à arriver! Il est vrai, deux ou trois seulement, quand les nôtres sont une dizaine; mais c'est égal, le sifflet de nos veilleurs a retenti aussitôt, perceptible malgré le vacarme, et, en quelques secondes, nos 75, là, à deux pas derrière nous, se dressent debout vers le ciel, et crachent en l'air sur les nouveaux arrivants, crachent nos obus, dont les houppes de fumée, au lieu d'être brunes, sont très blanches sur le beau bleu d'en haut. Et ils tirent, ils tirent à coups précipités; leur voix si proche, dure et brisante, domine pour nous le fracas sourd qui emplit les lointains; on pourrait presque dire que c'est eux qui *font le chant, la partie haute*, et que tous ces cratères, en éruption dans les alentours, ne représentent plus pour nous que *l'accompagnement*... Devant cet accueil, ils se sauvent à tire d'aile, les trois oiseaux boches, poursuivis du reste par les nôtres, et bientôt ils disparaissent, même pour les yeux clairs de nos guetteurs.

Et la comédie est jouée, et le rideau pourrait tomber. Soudainement, partout à la fois, le silence revient, comme si la baguette du chef d'orchestre s'était tout à coup rompue, et on est étonné de ne plus entendre de bruit. A peine a-t-elle duré douze minutes, la grande symphonie, mais c'est tant qu'il en fallait pour le résultat à obtenir. — Et nous nous sentons presque confus, nous, d'être restés là sur le tapis de mousse et d'avoir, cette fois, joui tout à fait en amateurs de cette féerie de bataille, alors que peut-être, en ce moment même, sur d'autres points de la frontière, tant de soldats de France sont aux prises avec l'horreur et la mort...

L'horreur et la mort, elles sont là sans doute, tout près, sous l'épais nuage de fumée grisâtre qui continue d'envelopper la tranchée boche ; mais chez nous, rien de semblable assurément, car l'ennemi décontenancé n'a tiré qu'en l'air sur nos avions, et encore sans les atteindre. Et comme ils sont jolis, vus d'où nous sommes, nos vifs oiseaux de France, qui font là-haut un dernier tour, en rond, avant de rentrer au gîte ! Pendant que l'ombre commence d'éteindre toutes les choses terrestres, eux, qui voient encore le soleil, sont éclairés en fête, et on dirait d'un vol de mouettes à ventre blanc sur lequel jouent des rayons qui les colorent en rose.

Maintenant voici une autre sorte de bruit, beaucoup plus discret mais qui nous fait redevenir graves : les crépitements pressés de la mousqueterie. C'est donc que notre attaque est déclanchée et que des vies précieuses sont en jeu. Cela se passe beaucoup plus loin de nous, car, par ruse, nous attaquons ailleurs que dans la partie bombardée, et d'ici nous ne pourrons rien voir; c'est demain seulement que nous aurons les nouvelles dont nous serons jusque-là très anxieux.

La vallée si bruyante tout à l'heure, mais plongée à présent dans un froid silence, présente au crépuscule d'étranges aspects. Comme il n'y a pas un souffle dans l'air, toutes ces fumées que viennent de lancer nos canons de la plaine, trop lourdes pour s'élever, trop denses encore pour se dissoudre, restent çà et là, posées en masses précises, comme des nuages obscurs qui seraient tombés du ciel et ne sauraient plus y remonter. Quant aux fumées de nos plus hautes batteries de montagnes, elles glissent très lentement vers les prairies basses, elles glissent en frôlant les forêts de sapins qui dévalent des cimes; on dirait d'énormes et paresseuses cascades en ouate grise...

C'était bien peu de chose, cette attaque, auprès des grandes batailles; une simple gentillesse entre voisins, pourrait-on dire, une farce à nos envahisseurs. Mais tout a été si adroitement mené que nous compterons sûrement au tableau quantité de Boches, tués ou prisonniers. Et, aux renseignements exacts de la matinée suivante, tous leurs abris sont démolis; tous leurs nids de mitrailleuses, bouleversés. Nous aurons donc une trêve, dans cette vallée, pour plusieurs jours.

LES PATIENCES SOUTERRAINES

Juin 1903.

Je vais parler d'un lieu qui, plus encore que l'oasis des Ouled-Naïlia, échappe à nos modernes agitations : tout y est demeuré tel qu'il y a cent mille ans, l'homme de l'âge de pierre y reconnaîtrait presque sa route et son gîte. Mais c'est un lieu souterrain, c'est la grotte de Sare, l'un de ces nombreux palais pour les Gnomes que les siècles ont minutieusement ornés, avec leurs patiences quasi éternelles.

Entre des montagnes tapissées de fougères et de chênes, le tranquille village de Sare est un peu le cœur du pays basque, le recoin isolé où les traditions et la langue si antiques se sont conservées presque pures[1].

[1]. Aujourd'hui de pauvres irresponsables ont complètement défiguré l'exquis village, en bâtissant juste au-dessus de la

De là, pour se rendre à la grotte [1], on a longtemps à marcher, à monter, par de mauvais sentiers, à travers une région plus solitaire, boisée surtout de grands châtaigniers qui se meurent [2]. Le mal qui les tue a commencé par les châtaigniers de Provence; il est sans doute une des moisissures chargées de dépouiller notre planète trop vieille : on sait que les chênes, les ormeaux, les fusains, les lauriers ont aussi maintenant chacun son microbe rongeur.

Quand on a fait un peu plus d'une lieue dans cette âpre campagne qui se dénude, on se trouve tout à coup en face d'un porche colossal, ouvert au flanc d'un coteau; il est orné d'une quantité de pendentifs en pierre grise qui ont des formes de glaçons; il est frangé de feuillages retombants, de ronces qui s'allongent comme des lianes; la voûte en est surbaissée, écrasée; il donne dans du noir et on dirait quelque entrée non permise qui plongerait aux entrailles mêmes de la terre.

Il faut se recueillir devant ce lieu d'ombre, infiniment plus vénérable que les plus primitifs sanctuaires humains, car il fut l'un des berceaux de nos grands ancêtres au front bas et au corps velu.

place du jeu de pelote, au-dessus du glorieux fronton suranné, une villa moderne avec polychromes. — P. L.
1. Aujourd'hui, hélas! on y va en auto!
2. Aujourd'hui tous les châtaigniers ont achevé de mourir; ils ne sont plus que des squelettes grisâtres, se desséchant au soleil. — P. L.

Après les dernières tourmentes géologiques, — il y a cinq cent, huit cent mille ans, on ne sait guère, — quand les roches, dans cette région, redevinrent immobiles, elles restèrent comme séparées en lames immenses, qui laissaient des vides entre elles. Et ce furent d'abord des espèces de salles étonnamment profondes, mais peu sûres, qui menaçaient de s'effondrer. Mais vinrent les stalactites et les stalagmites, qui avec des patiences, avec des lenteurs à peine concevables pour les éphémères que nous sommes, entreprirent de les consolider, ébauchant partout ces voûtes, ces cloisons, ces contreforts, ces piliers aujourd'hui si puissants, si trapus, — et dont chaque millimètre d'épaisseur représente presque l'apport d'un siècle! Et quand les salles souterraines, de par la magie des suintements calcaires, furent ainsi divisées en nefs, en galeries, en cloîtres superposés, même en cachettes aux portes étroites et faciles à défendre, des hôtes, éclos d'hier à la lumière du monde, commencèrent de venir peureusement y chercher asile : ce fut le lion géant, ce fut l'ours des cavernes, et enfin ce fut l'homme!... D'où était-il donc issu, celui-là, quelle était sa filiation?... Il différait de nous, c'est accordé; son crâne oblique au front fuyant, les trous de ses yeux trop enfoncés sous l'arcade sourcilière font peur à voir, et le gorille lui ressemble. Mais tout de même c'était *l'homme;* il taillait des outils, il dessinait des figures, il avait déjà l'idée d'ensevelir ses morts.

Entre lui et le singe le plus voisin, le trait d'union manque toujours, — et après tout, quand on le trouverait, ce sinistre trait d'union que l'on s'obstine à chercher, resterait à se demander ensuite : et le premier singe, d'où sortait-il? On a beau fouiller le sol, interroger minutieusement et ardemment les couches géologiques, aucun intermédiaire n'apparaît entre lui et les mollusques ou les sauriens des périodes primitives : il a toujours été le singe. Et, de même sans doute, l'homme qui, dans la nuit des âges, hantait cette grotte au porche immense, avait toujours été l'homme.

La terre même qui est devant cette entrée, la terre seule, pour peu qu'on la creuse, raconte la vie qui fourmilla jadis dans la gigantesque tanière obscure : on y retrouve des silex polis par les premières mains humaines, des ossements de bêtes à jamais disparues, des défenses de mammouth, des dents du grand lion ou du grand ours. Et le moindre de ces débris est pour évoquer dès qu'on y songe, les nuits pleines de transes, les luttes forcenées des griffes contre les haches de pierre, les boucheries sanglantes et les voraces mangeries...

Mais, depuis des siècles et des siècles, la sécurité, le silence ont remplacé dans ce lieu les carnages et la peur. De nos jours, quelques braves contrebandiers peut-être s'y cachent encore. Autrement il n'y vient guère que des troupeaux de bœufs, des troupeaux de moutons qui, sans s'aventurer trop loin au milieu d'une si lourde nuit, cherchent de la fraîcheur à l'entrée quand le soleil brûle ou un abri quand les averses tombent.

Sous ce porche, plus vaste que celui des cathédrales, si l'on s'avance, on entend bruire des eaux souterraines[1], et on distingue là-bas, dans l'obscurité, des piliers massifs, entre lesquels s'ouvrent des couloirs sombres.

On peut choisir la galerie que l'on veut, car toutes sont pleines d'étonnements et presque toutes sont infinies; elles montent, elles descendent, elles se croisent, elles se divisent et s'étagent les unes par-dessus les autres. C'est un monde de nefs aux très fantastiques architectures, et, tout cela, on le croirait taillé, foré dans la pierre vive, dans une seule et même pierre blanche qui ne présente jamais aucune lézarde, aucune fissure; tout cela donne l'impression d'une solidité immuable et éternelle; aussi ne s'épouvante-t-on point de voir s'avancer au-dessus de soi, comme jaillissant et détachés des parois surplombantes, tant de blocs étranges, pareils à des têtes de squales, à de vagues dragons, à des embryons de monstres. Les fanaux que l'on porte révèlent partout d'extravagantes formes blanches, qui se penchent sur vous, qui ont l'air prêtes à

---

1. Aujourd'hui un barrage en a fait un véritable lac souterrain, où se reflètent les piliers de la voûte. Il faut franchir ce lac dans un batelet pour aborder aux longues galeries pleines d'ombre.

s'élancer pour engloutir, mais qui sont figées là depuis les plus vieux temps de la Terre. Et une petite musique douce ne cesse de vous suivre jusque dans les dernières profondeurs de la montagne; elle se fait de tous les côtés à la fois, elle est le ruissellement des myriades de gouttes d'eau sur les murailles, elle est leur bruit de fine pluie, répercuté par la sonorité des voûtes. Elles chantent en travaillant, les gouttes d'eau... Or, on les entendait déjà chanter ici leur même chanson au temps des grands sauriens, des grandes bêtes de cauchemar, et c'est elles ensuite qui ont bercé le sommeil craintif des premiers hommes au crâne déprimé; c'est elles qui sont à l'œuvre depuis des milliers de siècles pour la construction de ce palais baroque et prodigieux, chacune apportant à l'édifice un imperceptible atome de calcaire, — et, comme elles n'ont pas fini, comme elles ne finiront jamais, comme il s'agit d'ajouter encore des ornements partout, des franges, des dentelles aux piliers et aux plafonds blancs, leur voix de cristal persiste toujours, monotone, obstinée, aussi éternelle que les patiences de la nature [1].

[1]. Beaucoup de ces voûtes ont été stupidement dépouillées de leurs franges, de leurs pendentifs millénaires, la commune de Sare les ayant vendus à un entrepreneur qui les a fait briser à coups de masse. Soixante charrettes qui en étaient remplies, se sont dirigées vers Biarritz, et les stalactites, qui avaient été l'œuvre des temps sans nombre, ont servi à construire l'une des plus grotesques parmi ces villas qui déshonorent la côte basque depuis qu'elle est « aménagée » pour le tourisme. — P. L.

Dans toutes les galeries où l'on se promène, des trouées de la voûte sont là pour vous montrer qu'il y a d'autres galeries encore passant au-dessus, et aussi des trouées dans le sol, pour que vous sachiez qu'il y en a d'autres se perdant en dessous; les couloirs se multiplient, se croisent, s'enchevêtrent en dédale — un dédale toujours pâlement blanc, dont les parois froides et mouillées, rigides comme du marbre, ont des rondeurs molles, affectent d'inquiétantes formes animales, ou bien se penchent sur vous, en simulant les ondulations d'une étoffe que le vent déplie. En vérité, la fantaisie des gouttes d'eau créatrices fut innombrable, impossible à prévoir, et d'une trop mystérieuse extravagance! Les voûtes, en beaucoup d'endroits, ont des contournements que l'on ne s'explique pas, des contournements *en vrille;* elles montent, elles montent jusqu'à dix, vingt, trente mètres, rétrécissant de plus en plus leurs tours de spire, et ainsi on a l'impression de circuler dans l'intérieur de colossales conques marines, vidées, dont la pointe serait en haut très loin, si loin que le jet de lumière des fanaux n'y atteint plus. Par places, la décoration a été spécialement soignée; les ornements en relief, où brillent de toutes petites facettes cristallines, imitent des feuillages, des rinceaux, ou bien des « natures mortes » accrochées en rang, des oiseaux à long cou, les ailes pendantes, tout cela modelé dans la même pâte tristement blanche. Des gouttelettes ferrugineuses sont aussi venues çà et là couler sur cette blancheur des parois et dessiner comme les mailles d'un filet, ou bien comme de délicates guirlandes d'algues brunes. Oh! qui dira les siècles, les siècles qu'il a fallu pour composer ce palais à la fois minutieux et titanesque! Et toujours elles travaillent, les gouttes d'eau, et toujours, sans aucune trêve, elles continuent leurs frêles sonneries dans ce silence.

Parfois, le long des grandes nefs, s'ouvrent des portes trop bizarrement dentelées, conduisant à des petits cachots blancs, où les sculptures laiteuses des murailles représentent des trompes d'éléphant, des amas de viscères, des rangées de longues mains de morts...

Et on pourrait marcher des heures, des jours peut-être, sans repasser par les mêmes routes, car les guides les plus familiers de ce labyrinthe déclarent qu'ils n'ont jamais eu le courage d'aller jusqu'au bout, qu'ils n'en connaissent pas la terminaison lointaine; une frayeur les arrête quand les couloirs se rétrécissent, et qu'il faudrait se glisser de biais par des trous, pour pénétrer dans d'autres salles inconnues.

A la fin, cela oppresse, cela tient du rêve d'angoisse, cette course à travers des galeries et des galeries, entre des parois qui se penchent, ondulent, et vous montrent mille formes animales, sournoisement ébauchées dans la toujours pareille matière blême.

On est troublé malgré soi par la profondeur de ce lieu, par la longueur sans fin de ces tortueux passages, dont on ne devine jamais s'ils vont encore s'élargir comme des nefs ou bien se resserrer comme des souricières. Et puis, à mesure que l'on avance, la nuit, dirait-on, devient plus épaisse, plus lourde, et les lanternes éclairent plus mal. Le bruissement aussi, la petite musique de sonnettes sur les parois ruisselantes, vous énerve par sa tranquille obstination. Le désir vous prend alors de rebrousser chemin, de quitter vite ce palais incompréhensible, inutile et sans but, commencé depuis les origines du monde, et qui vous donne à sa manière le vertige par sa révélation pour ainsi dire palpable d'un infini dans les durées antérieures; on a hâte de s'évader de tout cela, pour retrouver l'air et le ciel bleu.

Et, du plus loin qu'on aperçoit la lumière, au bout de ce chemin de retour, on l'accueille un peu comme la délivrance. D'abord, elle a plongé en faisceau incertain dans ces ténèbres. Ensuite, tout à coup, voici qu'elle éclaire magnifiquement les grands piliers de l'entrée, elle donne à ce seuil de grotte l'air d'un péristyle de palais enchanté, et, sous l'arceau du grand porche, toute cette verdure qui reparaît, encadrée d'ombre morte, ces tapis de fougère, ces coteaux en face, boisés de chênes, ont l'air baignés dans de l'or. — On avait oublié que c'était si éclatant et si beau, la lumière du soleil!

Dans ce petit vallon sauvage, sur lequel viennent déboucher les galeries de pierre, dans cette campagne basque, il fait si doux et si calme aujourd'hui! Le bleu pur là-haut, le soleil qui décline avec tant de sérénité, les feuillées et les fleurs de juin, sont là comme pour donner apaisement, confiance en le destin ou en Dieu, espoir de vie et de durée. Mais en ce moment, non, en ce moment on ne se laisse pas leurrer par le sourire de ces choses, parce que l'on vient de prendre contact avec l'insondable passé des cavernes ; on reste l'esprit assombri par le sentiment des périodes infinies qui nous ont précédés et qui vont nous suivre, on est écrasé par la connaissance de l'antiquité effroyable de la Terre.

Ces herbages, ces buissons, ces fougères et ces fleurettes de montagne sont assurément les mêmes que frôlaient jadis le grand renne et le grand ours [1]. Aux hommes à trop longs bras, qui jadis taillaient le silex devant le seuil de la grotte, tout ce recoin isolé et fermé devait présenter déjà des aspects à peu près identiques — sous le soleil de quels étés perdus au fond des temps incalculables! — A eux aussi, des soirs de juin souriaient très calmement avec des promesses de lendemains, de joie, de vague prolongation ailleurs. Mais comme ils ont

[1]. A l'entrée de la grotte, on vient, hélas! de construire pour les touristes une maison et un restaurant qui ont changé ces aspects millénaires. — P. L.

été balayés, rejetés jusqu'aux derniers abîmes du Néant!... Et, depuis cette époque, qui donc, quel cerveau saurait évaluer les espaces à faire frémir qu'a parcourus notre petite Terre, déroulant toujours avec la même frénésie sa course folle, sans repasser jamais, jamais, par le même point de l'incommensurable vide noir...

NEW-YORK

ENTREVU PAR UN ORIENTAL
TRÈS VIEUX JEU

Le jour se lève. L'hélice du paquebot qui m'amène a ralenti son tournoiement fébrile : évidemment nous arrivons, nous sommes devant New-York.

Et, comme par un pressentiment qu'une grande chose extraordinaire va se passer, j'ouvre la fenêtre de ma cabine. En effet, là-bas, en face, une sorte de colosse de Rhodes, une femme exaltée se dresse sur le ciel, le bras tendu dans un geste magnifique. Sans l'avoir jamais vue, je la reconnais, il va sans dire : la statue de la Liberté, qui veille à l'entrée de l'Hudson !... Elle est haute comme une tour. Les pluies et les vents lui ont déjà donné la patine vert-de-gris des antiques déesses de l'Égypte. Sur un piédestal en pierres roses, aussi grand qu'une citadelle, elle surgit, pâlement verdâtre, dans le brouillard du matin et dans les fumées que le soleil dore. Elle est superbement symbolique et terrible. On dirait qu'elle fait à l'univers entier des signes d'appel; on dirait qu'elle crie : « Hurrah! C'est ici la porte! Hurrah! Entrez tous dans la fournaise! Jetez-vous tête baissée dans le gouffre des affaires, du bruit, de l'agitation et de l'or! »

Et le voici qui s'ouvre devant nous, ce gouffre quasi infernal. Jadis, ce n'était que l'entrée d'une large rivière, entre des roseaux et des arbres. Aujourd'hui, c'est quelque chose qui, pour mes yeux épris d'Orient et de lignes pures, tient du cauchemar, mais arrive quand même à une sorte de beauté tragique, par l'excès même de l'horreur. Mille tuyaux crachent des fumées noires ou des vapeurs en tourbillons blancs, qui se mêlent, qui s'enroulent, qui embrouillent l'horizon comme sous des sarabandes de nuages. Le long des deux rives, à perte de vue, s'alignent les docks couverts, qui sont de gigantesques carcasses toutes pareilles, en ferraille couleur de deuil. Partout des inscriptions raccrocheuses s'étalent en lettres de dix mètres de haut, les unes blanches ou rouges sur les fonds noirs, les autres aériennes soutenues par des charpentes d'acier. On est assourdi par des sifflets stridents, des plaintes gémissantes de sirènes, des grondements de moteurs, des fracas d'usines. Et, au-dessus de tout cela que tant de fumées enveloppent, plus haut, plus haut, comme des géants poussés trop vite et trop efflanqués, des géants qui allongeraient démesurément le cou pour mieux voir, les gratte-ciel surgissent effarants et invraisemblables, les uns carrés, les autres pointus, les gratte-ciel à trente, quarante ou cinquante étages, surveillant ce pandémonium par leurs myriades de fenêtres...

Ah! on vient me réclamer ma « feuille d'entrée », un questionnaire que chacun doit remplir avant d'être admis à poser le pied sur le sol d'Amérique. Moi qui avais oublié! En hâte je griffonne mes réponses. Un peu stupéfiantes, les questions : Êtes-vous anarchiste? Êtes-vous polygame? N'êtes-vous pas idiot? N'avez-vous jamais donné de signes d'aliénation mentale? Possédez-vous plus de cinquante dollars de patrimoine? Combien de condamnations avez-vous subies? etc... » De telles précautions témoignent du juste souci qu'ont les Américains de ne pas admettre chez eux les hôtes « non désirables » (undesirable), — et nous devrions bien en faire autant à Tunis, pour les émigrants que nous envoie chaque jour l'Italie. — C'est égal, ce formulaire suranné est un peu naïf, car si l'on était idiot ou maboul, il est probable qu'on n'en conviendrait pas, surtout par écrit.

***

Deux ou trois heures plus tard, après d'interminables formalités de douane et des batailles sur les docks contre des journalistes armés de kodaks, je me trouve enfin au centre de New-York, confortablement installé et très haut perché dans un hôtel à je ne sais combien d'étages, où fonctionnent de prodigieux ascenseurs. Je domine de mes fenêtres la plupart des bâtisses d'alentour, où tout est rouge, d'un rouge sombre tirant sur le chocolat. Murs de briques rouges. Toits en terrasses, sans tuiles bien entendu, mais couverts de je ne sais quel « imperméable » peint en rouge, — et ce sont des promenoirs pour les habitants, leurs chiens et leurs chats ; des messieurs en bras de chemise (car il fait très chaud, une chaleur mouillée de Gulf-Stream) y lisent les journaux à dix pages, des ménagères y battent leurs tapis ou bien y font sécher leurs lessives. Au-dessus des toits, un peu partout, s'élancent des charpentes en fer pour soutenir en plein ciel les grandes lettres des affiches-réclames, ou bien pour élever, comme à bout de bras, les énormes tonneaux peints en rouge qui contiennent les provisions d'eau en cas d'incendie. Trop de choses en l'air, vraiment, trop de ferrailles, trop d'écritures zigzaguant sur les nuages. Et çà et là, auprès ou au loin, des gratte-ciel se dressent isolés

— sortes de maisons-asperges, pourrait-on dire — qui font mine d'épier avec indiscrétion tout ce qui se passe alentour. D'en bas m'arrive un continuel vacarme; en plus des autos comme à Paris, c'est le Métropolitain qui fonctionne sur de bruyantes passerelles en fer, à hauteur de premier ou de deuxième étage; sans trêve, les trains se poursuivent ou se croisent. Et il y en a d'autres en dessous, qu'on entend rouler comme des ouragans dans les profondeurs du sol. C'est la ville de la trépidation et de la vitesse !

Regardés de mes hautes fenêtres, les passants me semblent tout écrasés et courtauds. Les femmes, avec la mode actuelle, disparaissent sous leur chapeau trop large, ressemblent à un disque où des plumets s'agitent. Et, au milieu de ces gens empressés qui cheminent le long des trottoirs, de tout petits êtres décrivent des courbes folles : des « enfants à roulettes », qui, déjà pris d'une frénésie d'aller vite, font du skating éperdument sur l'asphalte.

Quatre heures, le moment où j'avais fait dire à des journalistes que je les recevrais. Et il m'en arrive un, puis deux, puis dix, puis vingt, puis trente!... Tous ont l'abord courtois et cordial, et bien volontiers je leur tends la main. Mais où donc les mettre? Mon salon n'a plus assez de chaises; qu'on ouvre ma chambre à coucher, on en fera asseoir sur mon lit; pour les occuper, qu'on leur offre des cigarettes !

Et je suis sur le banc des accusés, au milieu de tout ce monde. Un seul parle français et traduit aux autres mes paroles ahuries, qui sont aussitôt notées sur des carnets. « Qu'est-ce qu'il a dit? Qu'est-ce qu'il a dit? » Je n'aurais jamais cru que mes reparties, généralement ineptes, pourraient être si précieuses.

— Mon cher maître, voulez-vous d'abord nous exposer ce que vous pensez des femmes américaines.

— Moi! Mais rien encore : je n'ai pas eu le temps de sortir, je n'en ai vu qu'une seule, une femme de chambre rencontrée dans l'ascenseur, et c'était une négresse!

— Bien. Écrivez : Monsieur Pierre Loti diffère son jugement et demande à réfléchir.

A l'instant même, en voici deux qui font leur entrée, deux Américaines, demoiselles journalistes, le kodak au cran de sûreté. Elles ont l'air intelligent, éveillé, gracieux et d'ailleurs très comme il faut. Je les fais asseoir à mes côtés; l'une d'elles s'excuse d'être encore en tenue de voyage : c'est qu'elle arrive à peine du Congo, où elle était allée chasser le rhinocéros... Et l'interrogatoire continue. La littérature, l'hygiène, la politique, la religion, et l'économie sociale, tout y passe. Quelle haute idée ont-ils donc de mon omnicompétence, pour enregistrer avec tant de soin mes plates réponses :

— Mon cher maître, êtes-vous d'avis que la convention de Genève autorisera l'emploi des aéroplanes militaires? Mon cher maître, êtes-vous partisan de la castration pour les assassins, qu'un de nos philanthropes vient de proposer?

Les deux gentilles misses parlent français. Leurs questions particulières s'entre-croisent avec celles de l'interprète général. Et bientôt c'est le plus étourdissant des coq-à-l'âne, où se heurtent la réélection de M. Fallières, les suffragettes, la castration des assassins, la représentation proportionnelle et les randonnées du rhinocéros. Que va-t-il sortir de ce tohu-bohu, et quel effet d'ensemble cela donnera-t-il, en imprimé, dans les journaux de cette nuit?...

Mais j'avais pensé que ce serait assommant, et au contraire! C'est d'ailleurs si nouveau pour moi, qui, en France, ne reçois jamais un reporter, c'est si imprévu, si drôle, et ils ont si bonne grâce, que vraiment je m'amuse.

Quand ils sont tous partis, les grandes lettres que j'aperçois par mes fenêtres, les grandes lettres dans le ciel, commencent à éclairer le brumeux et lourd crépuscule, chaque inscription prenant feu d'un seul coup, l'une en rouge, l'autre en bleu, l'autre en vert; ce sont des réclames lumineuses et clignotantes; New-York en est couvert et on m'a bien recommandé d'aller le soir admirer dans les rues cette féerie quotidienne.

A neuf heures donc, je descends me mêler à la foule, sur les larges trottoirs de Broadway. Malgré les costumes parisiens des femmes, malgré les « complets » et les horribles « melons » pareils aux nôtres, ce n'est pas la foule de Paris ; les allures ont je ne sais quoi de plus décidé, de plus volontaire, de plus excentrique aussi. Et quel méli-mélo de toutes les races ! On reconnaît au passage des Japonais, des Chinois tondus à l'européenne, des Grecs, des Levantins, des Scandinaves aux cheveux pâles. — Quelqu'un du pays me disait ce soir : « New-York n'est pas encore tout à fait l'Amérique, il n'en est plutôt que le seuil, où s'arrêtent d'abord en débarquant les foules disparates qui nous viennent d'Europe. A la seconde génération, quand tous ces gens se sont mêlés, croisés, nous voyons naître alors de vrais Américains qui ont une cohésion parfaite et l'amour de leur patrie nouvelle, vérifiant la devise « *e pluribus unum* ». Ceux-là se fixent plus volontiers dans nos villes de l'intérieur, où il faut aller pour se sentir vraiment aux États-Unis, et voir la race entreprenante et forte, rajeunie comme un arbre taillé, qui résulte du mariage de toutes ces énergies. » — Beaucoup de femmes élégantes, sur les trottoirs de Broadway, et beaucoup de très belles, du moins quand elles ne sont pas crûment éclaboussées par de blêmes soleils électriques leur donnant des teints de cadavres ; mais trop de négresses, en vérité ; à chaque instant, sous quelque grand chapeau garni de roses, passe une figure toute noire. Les opulentes boutiques, les étalages derrière d'immenses glaces, sont comme le long de nos boulevards. Mais l'électricité qui ruisselle ici, qui règne en souveraine, est mille fois plus agressive que chez nous; il semble que tout vibre et crépite sous l'influence de ces courants innombrables, dispensateurs de la force et de la lumière; on est comme électrisé soi-même et un peu frémissant. Mon Dieu, que de bruit dans Broadway! Presque sans trêve, il faut se résoudre à entendre courir en vertige au-dessus de sa tête, sur les vibrantes passerelles de ferrailles, des files de wagons-monstres, bondés de monde et étincelants de feux. En revenant d'ici, Paris va me sembler une bonne vieille petite ville arriérée et calme, aux maisonnettes basses; d'ailleurs aucune de ses illuminations du 14 juillet n'approche des fantasmagories qui, les soirs quelconques, se jouent à New-York. Partout des lumières multicolores, qui changent et scintillent, formant et déformant des lettres; elles dégringolent en cascade du haut en bas des maisons, ou traversent les voies comme des banderoles tendues. Mais c'est en l'air surtout qu'il faut regarder — malgré le fracas souterrain des trains express qui vous feraient baisser instinctivement les yeux vers le sol — c'est en l'air, au faîte des extravagantes bâtisses, au-dessus des toits; là sont les réclames lumineuses, qui *remuent* par des trucs nouveaux, les visions qui dansent. Un marchand de je ne sais quoi a surmonté sa boutique d'une course de chars romains où l'on voit des chevaux gigantesques agiter avec frénésie leurs pattes de feu. Un marchand de parapluies a érigé une bonne femme qui gesticule avec son ombrelle ouverte. Un marchand de mercerie exhibe un énorme chat, tout en feu jaune, qui dévide un peloton de feu rouge et s'entortille avec le fil. Un marchand de brosses à dents, le plus cocasse de tous, fait gigoter dans le ciel un diablotin qui roule des prunelles de feu vert, en brandissant de chaque main une brosse de dix mètres de long... Vite, vite, les apparitions se dessinent, se démènent, s'effacent, reviennent, vite, si vite que le regard se trouble à les suivre. Et de temps à autre, au bout d'un gratte-ciel non éclairé, qui montait invisible dans l'atmosphère de brume et de fumée, quelque affiche géante, que l'on dirait suspendue comme une constellation, éclate en feu rouge, vous martèle un nom dans l'esprit, et se hâte de s'éteindre. Tout cela, pour ma mentalité d'Oriental, est déroutant et même un peu diabolique; mais c'est si drôle et en même temps si ingénieux, que je m'amuse et presque j'admire...

Ce que je vais raconter de ma première nuit de New-York fera sourire les Américains; aussi bien est-ce dans ce but que je l'écris. Dans un livre du merveilleux Rudyard Kipling, je me rappelle avoir lu les épouvantes du sauvage Mowgli la première fois qu'il coucha dans une cabane close : l'impression de sentir un *toit* au-dessus de sa tête lui devint bientôt si intolérable, qu'il fut obligé d'aller s'étendre dehors à la belle étoile. Eh bien! j'ai presque subi cette nuit une petite angoisse analogue, — et c'étaient les gratte-ciel, c'étaient les grandes lettres-réclames au-dessus de moi, c'étaient les grands tonneaux rouges montés sur leurs échasses de fonte; trop de choses en l'air, vraiment, pas assez de calme là-haut. Et puis, ces six millions d'êtres humains tassés alentour, ce foisonnement de monde, cette *superposition* à outrance oppressaient mon sommeil. Oh! les gratte-ciel, déformés et allongés en rêve! Un en particulier (celui du trust des caoutchoucs, si je ne m'abuse), un qui surgit là très proche, un tout en marbre qui doit être d'un poids à faire frémir! Il m'écrasait comme une surcharge, et parfois quelque hallucination me le montrait incliné et croulant...

C'est dimanche aujourd'hui; le matin se lève dans une brume lourde et moite; il fera une des chaudes journées de cette saison automnale qu'on appelle ici « *l'été indien* ». Sur New-York pèse la torpeur des dimanches anglais et, dans les avenues, les voitures électriques ont consenti une trêve d'agitation. Rien à faire, les théâtres chôment et demain seulement je pourrai commencer à suivre les répétitions du drame qui m'a amené en Amérique. Mais dans le voisinage, tout près, il y a Central-Park, que j'aperçois par ma fenêtre, avec ses arbres déjà effeuillés ; j'irai donc là, chercher un peu d'air et de paix.

Central-Park est comme un bois de Boulogne ouvert en pleine ville, avec des allées pour les cavaliers, des allées pour les autos, d'immenses prairies pour le foot-ball, et des recoins presque solitaires pour les idylles. Les feuillages sont les mêmes qu'en France, mais flétris par un plus précoce automne après un été plus brûlant. Çà et là des blocs de rochers noirs se lèvent, comme s'ils avaient crevé les pelouses, et c'est le sol même de New-York qui reparaît à nu, ce sol dur et homogène qui a favorisé la hardiesse des maisons à trente ou quarante étages, écrasantes de lourdeur. Le parc est tellement grand que parfois on se croirait en pleine campagne, si toujours un ou deux gratte-ciel dans le lointain n'élevaient au-dessus de la cime des arbres leurs têtes indiscrètes, semblables à des maisons chimériques du pays de Gulliver... Les gens élégants doivent avoir fui la ville, car je ne rencontre aujourd'hui que des petits bourgeois endimanchés, des « enfants à roulettes », d'austères vieilles misses à lorgnon qui doivent être des institutrices. Et solitairement je vais m'asseoir au bord d'une allée.

A peine suis-je là qu'un bruit très léger me fait tourner la tête. A côté de moi, sur mon banc, un amour de petit écureuil gris vient de bondir et il me regarde en faisant le beau, debout sur son arrière-train, relevant sa belle queue de chat angora... Oh! en voici un second, plus hardi encore, qui saute sur mes genoux! J'en aperçois aussi qui courent sur l'herbe ou qui jouent dans les branches. — Et c'est une des choses gracieuses et touchantes de New-York, cette tribu de petits êtres libres qui a pris possession de Central-Park et que tout le monde protège; on leur bâtit des maisonnettes de poupée sur les arbres, les promeneurs leur apportent des bonbons et des graines qu'ils viennent manger à la main; rien ne les effraie plus, ni le galop des cavaliers, ni le bruit de ces « enfants à roulettes », aussi gentils et effrontés qu'eux-mêmes, qui font du skating sur l'asphalte de tous les sentiers.

Le déclin du jour amène pour moi d'intolérables mélancolies dans ce parc d'automne, au milieu de cet humble petit monde du dimanche, qui est si hétéroclite et qui m'est si inconnu; au-dessus des bosquets d'ombre, les lointains gratte-ciel, rougis à la pointe par le soleil couchant, me donnent une impression d'exil que je n'avais jamais éprouvée, même en plein désert; les écureuils gris, par précaution contre les chats qui vont bientôt rôder, remontent dans leurs maisonnettes suspendues; le crépuscule commence à m'étreindre, et j'ai envie de m'enfuir vers les rues plus animées où je coudoierai plus de monde. Je ne sais si déjà je m'américanise, mais je sens ce soir qu'il me faut du mouvement et du bruit.

Dans les quartiers qui entourent le parc, toutes ces hautes maisons, que de richesses elles étalent et quel luxe dominateur! C'est presque trop; la proportion, la mesure manquent un peu. Les entrées où veillent des mulâtres galonnés, sont de marbre ou de porphyre, avec des colonnades grecques, byzantines ou gothiques, avec de lourdes et somptueuses grilles en bronze ou en fer forgé qui feraient honneur à nos cathédrales. Et tout cela vient de surgir presque en un jour! C'est humiliant en vérité pour notre vieille Europe qui a mis des siècles à bâtir ses villes célèbres et n'a jamais eu assez d'or pour faire aussi beau. Mais, à tant de luxe, quelque chose manque, quelque chose que l'on ne définit pas, et qui est peut-être tout simplement l'âme d'un passé...

Neuf heures, et nuit brumeuse. Quand je suis accoudé à ma haute fenêtre, avant de redescendre me plonger dans la fantasmagorie des rues, une sérénade tout à fait burlesque éclate sans préambule, en bas, sur un trottoir de Broadway. Des voix d'hommes hurlent ensemble une sorte de cantique de guerre, accompagné à l'unisson par des trombones et des cors de chasse. Qu'est-ce que c'est que ce charivari, mon Dieu? — Ah! l'armée du

Salut! Un bataillon qui est venu se poster là pour tâcher de sauver au passage les égarés du dimanche soir s'acheminant vers les bouges de l'alcool. Eh bien! après la première minute de stupeur et de sourire, on oublie le ridicule de cela pour céder à une impression plutôt grave. Dans cette ville où trépident nuit et jour les transactions et les affaires, il y a donc place encore pour le vieux rêve religieux qui berça les hommes pendant des siècles. Ce rêve, il est vrai, a pris une forme délirante, tapageuse, effrénée, ici où tout est neuf et excessif: mais on le sent là, bien vivant quand même, derrière cette musique de maison de fous. Et on ne sourit plus.

II

Aujourd'hui, pour la première fois, j'assiste à une répétition de la *Fille du Ciel*. C'est sans décors, sans costumes, en tenue de ville, dans une salle nue, dépendant du théâtre. Oh! l'étrange impression d'entendre les acteurs dire *no* et *yes*, d'écouter mes phrases que je reconnais bien mais qui me font l'effet de s'être amusées à se déguiser en phrases anglaises... Je ne sais plus par qui fut énoncé l'axiome : une traduction, c'est l'envers d'une broderie. Je ne prétends pas qu'elle fût merveilleuse, la broderie que nous avions faite, et je reconnais d'ailleurs que l'envers en a été recoloré avec une habileté consommée; mais, quand même, c'est toujours un envers. Miss Viola Allen[1] me paraît une idéale impératrice, et, malgré son chapeau parisien si en contraste avec les choses qu'elle doit dire, sa voix donne le petit frisson quand elle s'anime; à la scène finale, je vois même de vraies larmes perler au bord de ses jolis yeux vifs, qu'il sera facile de rendre délicieusement chinois en les retroussant au coin avec des peintures. Comme toutes les femmes ont l'air honnête dans ce théâtre! Les gentilles petites actrices chargées des rôles secondaires sont tellement correctes elles aussi, tellement comme il faut, et se tiennent comme des jeunes filles du monde! Mais, dans cette salle où sans doute je vais revenir tant de fois m'enfermer, il fait triste, de la tristesse particulière à tous les théâtres quand les illusions du soir y cèdent la place à la lumière appauvrie du jour.

Libéré à quatre heures, je circule au hasard, en auto, dans les rues que je n'avais pu voir encore animées par la pleine activité des jours de travail. La foule qui parle toutes les langues, les femmes aux allures décidées sans effronterie, les hommes tout rasés sous de larges casquettes, marchent vite, indifférents au fracas des chemins de fer suspendus ou souterrains.

1. La grande tragédienne américaine, chargée du rôle de la *Fille du Ciel*.

A un angle de Broadway, sous les passerelles de ferraille ébranlées par le continuel passage des trains express, voici un rassemblement qui grossit, qui bourdonne; les voitures sont arrêtées, les policemen s'agitent, on dirait une émeute. Tout ce monde regarde avidement un tableau noir sur lequel, de temps à autre, quelqu'un ajoute un signe à la craie. Les jumelles, les monocles, les innombrables lunettes d'or sont braqués là-dessus comme si le sort du monde allait s'y inscrire, et, chaque fois qu'un nouveau chiffre y apparaît, c'est tantôt un silence morne chez les spectateurs, tantôt une joie délirante, avec des battements de mains et des cris. Qu'est-ce que ça peut bien être? — le cours de la Bourse? — Non, tout simplement, il s'agit de certain jeu de paume national; une grande partie se dispute en ce moment à la campagne, l'équipe de New-York contre celle d'une ville voisine, et un ingénieux système automatique apporte ici au marqueur l'indication des coups... Et tous ces hommes, que l'on croirait si positifs, se passionnent à ce point! Il faut en vérité que cette race, issue de toutes nos races vieillies, se soit retrempée de jeunesse sur le sol d'Amérique. Et j'admire surtout combien ces implantés d'hier ont déjà pris l'amour du clocher, — d'où découle nécessairement l'amour plus noble de la patrie.

Les gratte-ciel! Il faudra beaucoup de temps pour que mes yeux s'y résignent. Si encore ils étaient groupés, une avenue qui en serait bordée arriverait peut-être à un effet de fantastique beauté. Mais non, ils surgissent au hasard, alternant avec des bâtisses normales ou parfois basses; alors on dirait des maisons atteintes par quelque maladie de gigantisme, et qui se seraient mises à allonger follement comme les asperges en avril. Ce qui me déroute, habitué que j'étais aux villes de pierre comme en France, ou aux villes de bois comme en Orient, c'est de ne voir ici que de l'acier, du ciment armé, des briques sanguinolentes, et surtout je ne sais quelle composition d'un brun rouge qui donne des maisons en chocolat, même des églises, des clochers en chocolat. Voici, dans la cinquième avenue, qui est comme on sait le quartier des milliardaires, l'habitation des Vanderbilt, en pur style Moyen Age et en pierre pour de vrai; on l'aimerait dans un parc, sous de vieux chênes; mais un voisin gratte-ciel la surplombe et l'écrase. Voici une cathédrale gothique, capable de rivaliser avec les nôtres; mais les gratte-ciel d'à côté montent plus haut que ses flèches aiguës; alors elle est diminuée au point de ressembler à un joujou de Nuremberg. Au bord de l'Hudson, tel autre richissime a eu la fantaisie impériale de se faire construire le château de Blois, avec des pierres apportées de France, et ce serait presque une merveille; mais derrière, plus haut que les donjons et les girouettes, monte bêtement un gratte-ciel couronné d'une réclame lumineuse; alors cela n'existe plus. Cette ville, qui regorge de coûteuses magnificences, a poussé d'un élan trop rapide et trop fougueux; il me paraît qu'elle aurait besoin d'être coordonnée, émondée, et surtout calmée.

**

Évadé aujourd'hui du théâtre, où il fait toujours noir en plein midi comme dans une cave, je m'en vais en auto, par l'avenue qui s'appelle River Side, remonter le long du cours de l'Hudson pour essayer de trouver enfin la campagne et le silence. Les trouverai-je réellement quelque part? Pour l'instant, des embarras de voitures ou d'automobiles élégantes m'entourent comme si je me rendais au bois de Boulogne. Mais, sans restriction cette fois, je m'incline devant la majesté d'une telle avenue. D'un côté, le grand fleuve que l'on domine; de l'autre, une interminable bordure de gratte-ciel (des demi-gratte-ciel, d'une quinzaine d'étages seulement) qui arrivent à un effet esthétique parce qu'ils s'alignent bien; ils ont du reste la couleur blanche et gaie de la pierre véritable, ils respirent le luxe clair et de bon aloi. Je ne crois pas qu'aucune capitale du vieux monde possède une promenade d'une telle opulence.

Dans le fleuve, des escadres de guerre sont mouillées, de superbes escadres que l'Amérique réunit en ce moment pour se donner, en une grande fête, le spectacle de sa jeune puissance navale; les dreadnoughts dorment là, imposants de laideur terrible, surmontés de ces nouveaux mâts à l'américaine, larges et ajourés, qui ressemblent à des tours Eiffel; auprès d'eux, des croiseurs, des contre-torpilleurs dorment aussi; et une multitude de batelets, de mouches électriques, s'empressent alentour. Sur la berge, des milliers de curieux stationnent pour regarder. En prévision de cette prochaine fête de la marine, des pavillons de l'Amérique rayés de blanc et rouge avec semis d'étoiles sur leur coin bleu, commencent à flotter aux fenêtres des hautes maisons somptueuses. Et sur tout cela rayonne le beau soleil de l' « été indien ». C'est comme une révélation de New-York que je viens de m'offrir aujourd'hui, et tout ce que je découvre en faisant ainsi l'école buissonnière, est franchement admirable.

Mais la campagne, le silence, où donc les atteindrai-je? Ma course accélérée dure depuis plus d'une heure, et les gratte-ciel me suivent toujours, en files aussi orgueilleuses, témoignant que cette ville contient des riches par milliers. Il est vrai, sur la rive d'en face, au lieu des tuyaux d'usine qui pendant des kilomètres s'obstinaient à l'enlaidir, il n'y a déjà plus maintenant que des rochers et de grands bois; si près de la ville, c'est une surprise et un repos.

Enfin, enfin, la route que je suivais s'enfonce parmi des buissons et des arbres, l'air s'imprègne de la bonne senteur des mousses d'automne ; je suis sorti de la fournaise humaine ! C'est la campagne que j'avais tant souhaité atteindre, et elle est plus boisée, plus sauvage peut-être qu'aux entours immédiats de Paris. Mais je m'y sens quand même en exil, car les arbres et les plantes, à bien regarder, diffèrent légèrement des nôtres ; les *asters*, que nous ne connaissons que dans nos jardins, croissent ici à profusion parmi des rochers noirs ; sur tous ces feuillages des bois, les bruns et les rouges de l'arrière-saison s'accentuent davantage que chez nous, arrivent à des teintes sensiblement plus ardentes. Non, ce pays n'est pas le mien... Et puis, une campagne sans paysans, sans vieux clochers protecteurs autour desquels se groupent les villages, autant dire qu'elle n'a pas l'air vrai...

Les jours qui passent m'acclimatent assez rapidement à New-York. Les maisons me semblent moins extravagantes de hauteur et, quand je traverse Broadway, j'écoute moins le fracas des trains sur les passerelles de fer.

Un peu partout je découvre des choses amusantes à force d'imprévu, d'audace, de disproportion et de luxe colossal. On m'a montré ce matin comme typique certain café-restaurant qui éclipse tous les cafés-restaurants du monde. La salle d'en bas, qui coûta cinq millions, a été construite pour enchâsser le tableau de Rochegrosse acheté à grands frais : *le Festin de Balthazar*. Sur toutes les murailles de marbre vert, on a ciselé les mêmes bas-reliefs qu'à Persépolis ; en marbre vert également sont les puissantes colonnes à têtes cornues, et les gigantesques taureaux ailés à visage humain. Mais, comiques au milieu de ces splendeurs déréglées, il y a les rangs de petites tables pour les consommateurs, et il y a les garçons en frac apportant à la ronde les bocks et les cocktails !...

Aux répétitions de *la Fille du Ciel*, qui occupent mes journées, la féerie commence à se dessiner ; nous sortons peu à peu des incohérences et du chaos des premières heures. Des décors qu'aucun théâtre parisien n'aurait risqués font revivre d'inimaginables passés chinois, des jeux de lumière électrique dont nous ignorons encore le secret imitent des limpidités de ciel, ou des lueurs de bûcher et d'incendie. Dans les jardins de l'impératrice, aux grands arbres tout roses de fleurs, des cigognes et des paons réels se promènent sur des pelouses jonchées — parce que cela se passe au printemps — de milliers de pétales qui ont dû tomber des branches comme une pluie. Là, aux rayons d'un clair soleil artificiel, je vois revivre, chatoyer tous les étranges et presque chimériques atours de soie et d'or copiés sur de vieilles peintures que j'ai rapportées, ou sur des costumes réels que j'ai exhumés naguère de leurs cachettes au fond du palais de Pékin.

Les moments les plus singuliers, je crois, sont ces entr'actes, ces repos durant lesquels la féerie s'échappe, pour ainsi dire, de la scène, pour déborder sur les fauteuils d'orchestre. La vaste salle somptueuse, envahie alors par tous les figurants, n'en demeure pas moins plongée dans des ténèbres presque absolues; quelqu'un qui arriverait du dehors, où il fait jour, percevrait seulement que des formes humaines sont assises là, partout, et que le discret murmure de leurs voix *sonne étrange;* ce sont des voix chinoises qui chuchotent en chinois, et ces gens, qui simulent des spectateurs dans l'ombre, sont de pure race jaune... Quand les yeux s'habituent à l'obscurité, ou si quelque lueur électrique vient à filtrer de la scène, on découvre que tout ce monde, de la tête aux pieds, est vêtu avec l'apparat des anciennes cours Célestes. Il y a même des groupes de ces petites déesses armées et casquées qui portent aux épaules des pavillons en faisceaux éployés et semblent avoir des ailes. Un peu fantastique vraiment, ce grand théâtre sans lumière, où les auditeurs, échangeant à mi-voix des phrases lointaines devant la toile baissée, sont pareils aux guerriers, aux Génies, sculptés dans les vieilles pagodes...

Le plus étonnant pour moi, c'est que ces figurants ne sont pas des gens quelconques, mais des étudiants des universités. L'un d'eux, habillé comme un seigneur du temps des Ming et qui, dans la vie privée, prépare son doctorat en médecine, vient un jour m'expliquer de la part de ses camarades, très courtoisement et dans l'anglais le plus correct, pourquoi ils ont accepté de venir : « C'est un plaisir pour nous, me dit-il, de nous trouver ainsi replongés dans le passé de notre pays, de voir reconstituée la Chine de nos ancêtres. »

Cette nuit, pour avoir une vue d'ensemble des fantasmagories de New-York, je monte au sommet de l'hôtel du *Times*, qui est l'un des plus stupéfiants gratte-ciel. A un angle de rue, dans un quartier de maisons à peine hautes, il se dresse tout seul, grêle, efflanqué, paradoxal, avec un air de chose qui n'aura jamais la force de rester debout. Très aimablement, les rédacteurs m'avaient convié. Un ascenseur-express, qui jaillit comme une fusée, nous enlève d'un bond jusqu'au vingt-cinquième étage, d'où nous grimpons sur la plate-forme extrême. Là souffle une bise âpre et froide — déjà l'air vif des altitudes — et, de tous côtés, dans le cercle immense qui va finir à l'horizon, l'électricité s'ébat à grand spectacle. Auprès, au loin, partout, des mots, des phrases s'inscrivent au-dessus de la ville en grandes lettres de feu, éblouissent un instant, disparaissent et puis reviennent. Des figures gesticulent et gambadent, parmi lesquelles j'ai déjà de vieilles connaissances, comme par exemple le farfadet qui brandit ses gigantesques brosses à dents. La plus diabolique de toutes est une tête de femme, qui se dessine dans l'air, soutenue par d'invisibles tiges d'acier, et qui occupe sur le ciel autant d'espace que la Grande Ourse; pendant les quelques secondes où elle brille, son œil gauche cligne des paupières comme pour un appel plein de sous-entendus, et on dirait d'une jeune personne fort peu recommandable. Qu'est-ce qu'on peut bien vendre en dessous, dans la boutique qu'elle surmonte et où elle vous convie d'un signe tellement équivoque? Peut-être tout simplement d'honnêtes comestibles ou de chastes parapluies. Il va sans dire, aucune montagne n'aurait des parois aussi verticales que ce gratte-ciel; en bas, les foules en marche le long des trottoirs, les foules sur lesquelles, en cas de chute, on irait directement s'aplatir comme un bolide, font songer à des grouillements d'insectes qui seraient lents pour cause de trop petites pattes, tandis que les files de wagons, dont la ville est sillonnée, paraissent de longues chenilles phosphorescentes qui ramperaient sans vitesse. Et une clameur monte de ces rues, comme une plainte de bataille ou de misère, entrecoupée par les grondements de tous ces trains en fuite... Babel effrénée, pandémonium où se heurtent les énergies, les appétits, les détresses de vingt races en fusion dans le même creuset.

Malgré le froid qui cingle le visage, c'est presque un soulagement, une délivrance, de se sentir là sur ce sommet artificiel; les six millions d'êtres qui, à vos pieds, dans la région basse, se coudoient, luttent et souffrent, au moins ne vous oppressent plus; même il est presque angoissant de penser qu'il va falloir redescendre tout à l'heure de ce haut perchoir où la poitrine s'emplissait d'air pur, redescendre et se replonger dans cette vaste mer humaine qui fermente et bouillonne partout alentour. Quelle inexplicable manie ont les hommes de s'empiler ainsi, de s'étager les uns par-dessus les autres, de s'accoler en grappes comme font les mouches sur les immondices, — quand il reste encore ailleurs des espaces libres, des terres vierges!... Vue d'ici, la ville paraît infinie; aussi loin que les yeux peuvent atteindre, l'électricité trace des zigzags, tremble, palpite, éblouit, écrit des mots de réclame avec des éclairs, et finalement, vers l'horizon où il n'est plus possible de rien lire, va se fondre en une lueur froide d'aurore boréale. Jamais encore New-York ne m'avait paru si terriblement la capitale du modernisme; regardé la nuit et de si haut, il fascine et il fait peur.

***

Aujourd'hui, la « première » de *la Fille du Ciel*, au *Century Theatre*. Cette langue étrangère me déroute à tel point que je ne me sens pas tout à fait responsable de ce que mes personnages racontent. Vraiment, pour reconnaître ma pièce, je devrais plutôt faire abstraction du dialogue et, m'efforçant de ne pas entendre, n'assister au spectacle qu'avec mes yeux, comme si c'était une simple pantomime, — une pantomime certes qui dépasse mon attente par son exactitude et sa splendeur. Grâce à la consciencieuse magie des peintres et des costumiers, la vieille Chine impériale, qui ne se reverra jamais plus, est là devant moi, avec le jeu de ses nuances rares, l'inconcevable étrangeté de ses atours, avec ses dragons, ses monstres, tout son mystère. Pour compléter l'illusion, il y a même le son rauque des voix chinoises, et, pendant l'acte de la bataille, quand les soldats délirants se précipitent en une ruée suprême vers leur impératrice pour tomber tous à ses pieds, je crois réentendre ces clameurs qui faisaient frissonner, en Chine, aux jours de réelles tueries.

A la scène finale cependant, dès que l'empereur Tartare et la Fille-du-Ciel sont seuls en présence, je me reprends à écouter ce qu'ils disent; leur jeu est d'ailleurs si expressif que je me figure presque les entendre parler ma propre langue. Et quand la Fille-du-Ciel tend la main pour recevoir la perle empoisonnée qui va lui ouvrir les portes du Pays des Ombres, son geste et son regard émeuvent comme si vraiment elle allait mourir...

Maintenant la toile tombe; c'est fini; ce théâtre ne m'intéresse plus. Une pièce qui a été jouée, un livre qui a été publié, deviennent soudain, en moins d'une seconde, des choses mortes... J'entends des applaudissements et de stridents sifflets (contrairement à ce qui se passe chez nous, les sifflets à New-York, indiquent le summum de l'approbation). On m'appelle, sur la scène, on me prie d'y paraître, et j'y reparais cinq ou six fois, tenant par la main la Fille-du-Ciel, qui est tremblante encore d'avoir joué avec toute son âme. Une impression étrange, que je n'attendais pas : aveuglé par les feux de la rampe, je perçois la salle comme un vaste gouffre noir, où je devine plutôt que je ne distingue les quelques centaines de personnes qui sont là, debout pour acclamer. Je suis profondément touché de la petite ovation imprévue, bien que j'arrive à peine à me persuader qu'elle m'est adressée. Et puis me voici reparti déjà pour de nouveaux *ailleurs*. J'étais venu à New-York afin de voir la matérialisation d'un rêve chinois, fait naguère en communion avec madame Judith Gautier. J'ai vu cette matérialisation; elle a été splendide. Maintenant que mon but est rempli, ce rêve tombe brusquement dans le passé, s'évanouit comme après un réveil, et je m'en détache...

Demain matin, je dois prendre le paquebot pour la France. Je ne puis prétendre qu'en ce court voyage j'aie vu l'Amérique. Puis-je seulement dire que j'aie vu New-York? Non, car j'y ai surtout vécu prisonnier sous une sorte de coupole obscure, — le Century Theatre avec sa pénombre de chaque jour. C'est là, dans cette grande salle rouge et or, parmi les fantastiques spectateurs des répétitions, figurants échappés de vieilles potiches ou de vieilles ciselures, c'est là que j'ai rencontré à peu près les seules femmes américaines qu'il m'ait été donné d'approcher.

Ces inconnues, admises pour avoir montré patte blanche au régisseur, entraient discrètement, sans faire de bruit, presque à tâtons, effarées par tous ces personnages casqués d'or, qui occupaient les stalles. Elles n'étaient jamais les mêmes que la veille, mes visiteuses. Non sans peine elles parvenaient à me découvrir, après avoir interrogé quelques-unes de ces étranges figures, qui balbutiaient des réponses vagues, en chinois. Assises enfin à mes côtés, elles étaient tout de suite gentilles et pleines de bonne grâce, malgré l'insuffisance de la présentation. Filles de richissimes ou pauvres petites journaleuses, elles appartenaient à tous les mondes. Et on causait, dans une sorte de plaisante camaraderie sans lendemain, pour ne se revoir jamais ; c'était à demi-voix, pour ne pas troubler les acteurs qui, tout près de nous, se disaient des choses tragiques, dans quelque vieux palais de Nankin, sous de faux rayons de lune, ou bien à la lueur d'un faux incendie. Détail qui m'amusait, en général elles apportaient, par précaution contre la longueur de la séance — la répétition durait plusieurs heures d'affilée — des sandwichs ou des petits gâteaux, et il me fallait partager cette dînette dans les ténèbres. Plusieurs d'entre elles me connaissaient beaucoup, sans m'avoir encore vu nulle part ; c'est là l'inconvénient — ou le charme, si l'on veut — de s'être trop donné dans ses livres. Quelques-unes avaient vu ma maison de Rochefort, d'autres, en canotant sur la Bidassoa, avaient aperçu mon ermitage basque. Grandes voyageuses, presque toutes, elles étaient allées à Stamboul, à Pékin, dans les différents lieux de la Terre que j'ai essayé de décrire, et la traversée de l'Atlantique pour venir chez nous leur semblait un rien comme promenade. Passant vite d'un sujet à un autre, elles disaient des choses incohérentes mais profondes ; elles différaient des femmes de chez nous par quelque chose de plus indépendant et de plus masculin dans la tournure d'esprit ; beaucoup plus libres certes, mais sans qu'il y eût jamais place entre nous pour l'équivoque. Et, après avoir causé un peu de tout, dans une intimité intellectuelle favorisée par l'ombre, on se saluait pour ne se revoir jamais.

En quittant ce pays, j'ai un vrai remords de n'avoir pu répondre comme je l'aurais souhaité à tant de lettres cordiales et jolies que chaque courrier m'apportait, à tant d'invitations téléphoniques, m'arrivant aux rares heures où j'habitais mon perchoir. D'aimables inconnus m'écrivaient, avec la plus touchante bonne grâce : « Venez donc un peu vous reposer chez nous, à la campagne; au bord de l'eau, sous nos arbres, vous trouverez du *silence*. » Et j'étais élu membre honoraire d'une quantité de cercles. Comment faire, avec si peu de temps à moi? Au moins voudrais-je, ici, exprimer à tous ma reconnaissance et mon regret.

Dès que *la Fille du Ciel* a été livrée au public, j'ai employé de mon mieux mes trois ou quatre jours de liberté avant le départ. Mais combien il était embarrassant de choisir : pourquoi accepter ici et s'excuser ailleurs?

Je suis allé luncher à la magnifique et colossale Université de Columbia, auprès de quoi nos universités françaises sembleraient de pauvres petits collèges de province. J'ai voulu paraître dans différents clubs puisque l'on avait eu la bonté de m'en prier. J'ai répondu à l'invitation naïve des jeunes filles de l'école Washington-Irving qui m'avait particulièrement charmé par sa forme; elles étaient là deux ou trois centaines de petites étudiantes de quinze à seize ans qui, pour m'accueillir, avaient placardé aux murs des écriteaux de bienvenue; après m'avoir chanté *la Marseillaise*, elles ont continué par un hymne où de temps à autre revenait mon nom prononcé par leurs voix fraîches, et en partant j'ai serré de bon cœur toutes ces mains enfantines. On m'a fêté à l'Alliance française où après le dîner, il y a eu, dans un grand hall, un défilé dont j'ai été ému profondément; tandis qu'un orchestre jouait cette *Marseillaise* qui, à l'étranger, nous semble toujours la plus belle musique, des Français de tous les mondes, les uns très élégants, les autres plus modestes, se sont tour à tour approchés de moi; des jeunes, des très vieux dont le regard attendri disait la crainte de ne plus revoir la France; des aïeuls à chevelure blanche m'amenant leurs petites-filles qui m'avaient lu et souhaitaient me voir; là encore j'ai serré plusieurs centaines de braves mains que je sentais vraiment amicales, et je ne sais comment dire merci à tant et tant de familles qui ont bien voulu se déranger pour me témoigner un peu de sympathie.

En somme si, au premier abord, pour l'Oriental obstinément arriéré que je suis, l'Amérique ne pouvait que sembler effarante, — en tant que chaudière gigantesque où, pour créer du nouveau, se mêlent et bouillonnent tumultueusement les génies de tant de races diverses, — si l'Amérique m'est restée jusqu'à la fin peu compréhensible, avant de la quitter j'ai pourtant senti qu'elle était quand même et surtout le pays de la pensée chaleureuse, de la franche hospitalité et du bon accueil. Elle est en plein vertige, c'est incontestable, vertige de vitesse, d'innovations, de téméraires industries. Mais il y a vertige et vertige, comme il y a ivresse et ivresse. Suivant une locution populaire, les uns ont le vin gai, les autres le vin triste, ou le vin batailleur. Eh bien, tandis que la Germanie a le vertige homicide et féroce, on peut assurément dire que l'Amérique l'a amusant et aimable.

NOS AMIS D'AMÉRIQUE

21 janvier 1917.

A la frontière d'Espagne, l'autre jour, j'ai rencontré un de nos vrais amis d'Amérique, qui descendait de l'express de Madrid, et qui, avec une hâte et une aisance tout à fait yankee, comptait prendre le soir même à Bordeaux le paquebot pour New-York.

La France ne sait pas assez quels amis ardents elle compte là-bas, en dehors des sphères officielles, dans le monde où l'on est libre de toute pression politique, chez ces Américains qui ne suivent que l'impulsion de leur propre sens moral, de leur propre cœur généreux et indigné. Parmi ceux-là, qui sont légion, l'un des plus considérables est ce voyageur, M. Whitney Waren, que j'ai été si heureux de trouver comme compagnon de route depuis

Hendaye jusqu'à la Gironde. Il était plein d'entrain et de joie parce qu'il venait de réussir cette téméraire entreprise, d'aller à Madrid, — où les Boches, hélas! manœuvrent avec tout leur impudent cynisme, — et d'y prononcer contre eux un violent réquisitoire, de dénoncer une fois de plus leur infamie. Et il me conta cette conférence, à laquelle assistaient les ambassadeurs de l'Entente : « J'ai dit tout ce que j'avais à dire, et quand je les ai traités d'assassins, j'ai senti que la salle entière était avec moi! » En effet, les journaux espagnols du lendemain enregistraient le succès de sa parole; elle avait d'autant plus porté qu'elle était celle d'un Neutre, que ne pouvait guider aucun intérêt personnel.

Voici bientôt deux ans et demi que je connais M. Whitney Waren, l'ayant rencontré sur le front, aux lendemains de la bataille de la Marne. Sans se soucier des obus, il se promenait là, son kodak à la main; dans une exaltation de révolte et de dégoût, il photographiait, pour les mettre sous les yeux de ses compatriotes, toutes nos ruines, nos villes, nos cathédrales partout saccagées, si inutilement et ignominieusement, sans excuse militaire possible, dans la seule frénésie de détruire...

Oh! pour qui a vu tout cela, entendre aujourd'hui parler doucereusement leur Kaiser; depuis qu'il a manqué son coup de la paix, l'entendre parler de *l'agression* subie par l'Allemagne et de la *rage des-*

tructive des Alliés, ne serait-ce pas amusant à donner le fou rire, si ce n'était lugubre comme les divagations des fous. Qu'il les fasse donc un peu voir, ces monuments, ces villes sur quoi notre *rage* s'est acharnée! Est-ce Louvain, ou Ypres, ou Arras? Ou bien nos basiliques de Reims ou de Soissons? Ou bien encore les vieilles églises vénitiennes? Qu'il les montre aux Neutres, nos crimes de dévastation, et surtout qu'il cache les siens, qu'il les cache à la Postérité qui laissera sa Germanie clouée au pilori, tant que les hommes auront une histoire écrite, tant qu'ils tiendront de justes et indélébiles archives.

Notre rage destructive, à nous les Alliés!... Oh! pauvre histrion déjà aux abois, il faut en vérité pour oser proférer ces paroles, pour jeter ce défi au sens commun, il faut qu'il ait perdu, non seulement toute conscience, mais aussi toute notion de l'amer ridicule, — ou alors qu'il ait une bien méprisante certitude des épaisses crédulités allemandes! Et, ce qui est peut-être le comble du grotesque, c'est de le voir, lui, continuer de jouer la comédie même dans l'intimité, devant sa séquelle toute seule, derrière les portants de la scène, jusque dans la coulisse. Il y a peu de jours, avant de jouer sa dernière carte en risquant le coup de la paix, n'a-t-il pas écrit à son Bethmann une lettre *intime* où s'étalent les sentiments les plus désintéressés et les plus tendres. Des journaux en ont donné la formule exacte, que je confesse avoir oubliée. Mais, à quelques mots près, cela disait : « Pour délivrer le monde de cette calamité, dont mon doux cœur saigne, il faudrait un homme magnanime et d'un détachement surhumain. Eh! bien moi, cher complice, moi tel que vous me voyez, moi Guillaume le vainqueur, je serai cet homme; moi, j'aurai ce courage! » Oh! pauvre, pauvre histrion de la Mort, qui donc, en lisant cela, n'a pas haussé les épaules et souri de dédain?...

***

Depuis cette époque de la Marne, déjà lointaine, j'ai rencontré un peu partout, sur le front des Vosges, sur le front d'Alsace, ce Whitney Waren, notre fidèle ami, toujours insouciant du danger, — et de plus en plus je voyais s'exalter son admiration pour nos chers soldats, son dégoût pour l'horreur germanique. Il a été accueilli par tous nos généraux que charmait son ardeur pour la sainte cause; il est allé même dans les tranchées des Italiens, pour y constater à quel point ils sont dignes de nous.

Et sa conviction, si documentée et si profonde, n'a cessé d'être puissamment communicative. Combien d'articles a-t-il publiés dans les journaux des États-Unis, combien de conférences il a faites, à Paris, à Madrid, à New-York, à Boston, pour protester contre la neutralité de son pays, dans l'immense conflit que l'Allemagne a osé ouvrir entre la Pensée et la Ferraille barbare! J'ajouterai que son fils, entraîné par son exemple, s'est engagé à dix-sept ans dans nos ambulances de Verdun où il vient d'être proposé pour la croix de guerre, et que madame Whitney Waren, présidente à New-York du Secours national, s'est entièrement consacrée, avec ses filles, aux œuvres charitables françaises.

On me demandera sans doute : qui donc est votre Whitney Waren, quel titre a-t-il pour jouer un tel rôle? — Quel titre! Mais, Dieu merci, il n'en a aucun; aucune mission officielle ne lui a été confiée. Et c'est là précisément ce qui donne à ses actes une si rare et inappréciable valeur. De sa profession, il était architecte, ce qui ne me semble pas conduire fatalement à la vie si militante qu'il s'est choisie. Mais le cœur, chez lui, l'a emporté sur les considérations d'intérêt, et il a tout quitté pour se faire l'un des grands continuateurs de cette traditionnelle amitié franco-américaine, instituée par La Fayette.

Ce n'est pourtant pas de lui en particulier que j'ai voulu parler ici, ce n'est nullement une réclame personnelle que j'ai tenté de lui faire. Non, je ne l'ai cité que parce qu'il est typique; il ressemble, en ce qui nous concerne, à l'immense majorité de ses compatriotes; tous évidemment n'ont pas fait pour nous autant qu'il a fait lui-même, mais tous n'en avaient point les possibilités matérielles, tous n'avaient pas non plus son énergie ni son indépendance. Lui, nous pouvons le considérer comme représentant bien l'âme clairvoyante de la véritable population américaine, et cette âme, nous ne le saurons jamais trop, est, grâce à Dieu, absolument ce que nous pouvions souhaiter qu'elle fût.

IL PLEUT
SUR L'ENFER DE LA SOMME

> Quand nous aurons achevé de conquérir les territoires de nos ennemis, si quelque individu de ces races inférieures, qu'on appelle anglaise, française, russe, italienne, américaine ou espagnole, s'avise d'élever la voix pour autre chose que pour implorer grâce, nous le détruirons comme un pantin de vil limon. Et quand nous aurons démoli leurs cathédrales caduques, nous édifierons nos sanctuaires plus splendides, pour glorifier notre force, destructive des nations pourries.
> (Écrit en 1914 par un professeur d'Heidelberg, qui n'est pas sensiblement plus bouffi ni plus féroce que la moyenne des Allemands.)

Novembre 1916.

Elle tombe, la pluie, la pluie glacée, depuis combien d'heures, on ne sait plus, depuis tout le temps, dirait-on ; elle tombe régulière, épaisse, comme d'un gigantesque arrosoir aux trop larges trous, et on n'imagine plus que jamais elle puisse finir. Au milieu de l'encombrement, du bruit, des cahots, ma voiture roule, vite quand même, depuis un temps sans doute très long, mais dont la longueur, à force de monotonie, n'est plus appréciable. Sur la sinistre route, — sorte de voie sacrée qui mène au front, — entre deux rangs de squelettes d'arbres tous pareils, passe en même temps que moi un charroi continu, qui coule nuit et jour, comme l'eau empressée des fleuves. Et ce sont d'énormes camions, uniformément peints en ce bleu neutre qui dans le lointain tout de suite les efface, les rend invisibles à travers la brume où les ruissellements de la pluie ; énormes et lourds, en courant ils défoncent le sol ; le roulement de leurs moteurs, leurs tressauts à chaque ornière mènent un bruit qui jamais ne fait trêve, et l'air mouillé en est tout vibrant ; ils sont bondés de soldats aux capotes bleuâtres, ou bien de projectiles et de machines à tuer ; ils emportent là-bas par milliers les victimes fièrement souriantes pour le grand holocauste sublime, ou bien ramènent des débris humains qui vivent encore, et ils se dépêchent tous comme si la Mort s'impatientait de les attendre. Les chauffeurs de leurs innombrables machines, emmitouflés de peaux de bique, nous montrent tous en passant de pareilles petites figures jaunes avec des yeux retroussés à la chinoise, des figures comme on en avait connu là-bas en Extrême-Asie... Ah ! des Annamites, imprévus ici sous cette pluie d'hiver : mais tout est sens dessus dessous dans le monde, tout est Babel, en 1916 !... Et il y en a tant et tant de ces camions, et depuis tant de jours, sur cette route pourtant large, que les maigres arbres des bords sont tous égratignés, à hauteur d'auto, par ces ferrures, en marche perpétuelle. De droite et de gauche, ce que l'on aperçoit de la campagne est hideux, hideux à glacer l'âme; rien que de la terre retournée, détrempée, et des flaques d'eau sale, et puis des horizons noyés, perdus sous ces nuages bas qui traînent, éternisant le si froid déluge. Il fait à peine jour, tant le ciel est plein d'eau; rien n'indique l'heure, on ne sait pas si c'est midi, ou le crépuscule. Pour que cette voie, trop fréquentée et écrasée, demeure praticable, il faut, bien entendu, la réparer continuellement, et, de distance en distance, les barrages des cantonniers compliquent et retardent l'intense circulation; chaque fois qu'on va les rencontrer, ces barrages de malheur, un soldat vous l'annonce en agitant un pavillon rouge qui ruisselle de pluie; alors il faut se tasser sur un seul bord de la route, camions ou voitures se jetant les uns sur les autres, tout ce qui s'en va *là-bas* ou tout ce qui retourne à l'arrière, et cela devient la plus inextricable mêlée. A un moment donné, nous engageons nos roues avec celles d'une voiture d'ambulance qui revient vers les hôpitaux; elle est fermée de toutes parts, mais il en coule, goutte à goutte, du sang, qui fait des petites taches rondes sur la boue; elle a l'air d'égrener un chapelet rouge, pour qu'on puisse la suivre à la piste : quelque hémorragie soudaine, sur laquelle on se représente un médecin attentivement penché... J'en avais croisé tant et plus, de ces voitures-là, pendant mes randonnées en auto, mais jamais encore je n'en avais vu saigner... Passent maintenant quelques centaines de prisonniers aux houppelandes grises, aux figures roses et sournoises, qui nous reviennent du front sous la débonnaire surveillance de grands diables, à tournure un peu étrange, vêtus et encapuchonnés de toile cirée jaune serin. Oh! les étonnants bergers qui nous ramènent ce vilain troupeau! Sous leur capuchon pointu, d'un si beau jaune, le visage qui apparaît, encadré d'un passe-montagne bleu, est noir comme de la suie... Eux, c'est au Sénégal, à la côte de Guinée, qu'on les avait rencontrés jadis, nus sous le soleil torride, et les voilà transportés sous le ciel pluvieux de la Somme, emmaillotés comme des momies! Il a fallu nous arrêter tout à fait pour ce défilé des Boches, de peur de leur écraser les pieds, et nous avons tout loisir d'examiner ces teints chlorotiques, ces petites prunelles de faïence pâle qui se détournent et fuient! Nous sommes tellement moins vilains que ça, nous autres! Après les avoir vus, on reporte volontiers son regard sur les braves soldats de chez nous, que les camions entraînent et qui tout à l'heure seront à la bataille; la comparaison immédiate est toute à leur honneur, et comme on salue fraternellement leur teint de santé, leurs yeux plus foncés, plus francs et plus vifs.

Il pleut, il pleut, il fait gris et il fait sombre. Il faut consulter sa montre pour se convaincre qu'il est à peine deux heures, car vraiment on croirait que la nuit commence. Tous ces moteurs et toutes ces énormes roues si pesantes, qui se suivent et se pressent en files ininterrompues, ébranlent le sol et font trop de bruit pour que l'on distingue nettement la canonnade, et de plus il s'y mêle le tambourinement de la pluie fouettante et la rage du vent contre les pauvres arbres de la route; toutefois quelques coups, de plus en plus forts, dominent ce fracas monotone et viennent nous rappeler que nous approchons de la ligne de feu. Dans les champs inondés et à l'abandon, qui ne sont plus que des déserts de boue, il y a maintenant, en guise de cultures, d'immenses étalages de choses *pour tuer*, obus, torpilles, etc.; affreuses choses, dont les cuivres brillent un peu au milieu des grisailles ambiantes; elles sont alignées en bon ordre, en belle symétrie, sur des madriers qui les isolent des flaques d'eau; elles couvrent de grands espaces de terrain, comme faisaient jadis les foins ou les blés. En ce moment même, des hommes, embourbés jusqu'aux genoux, s'occupent à étendre par-dessus d'immenses toiles, peinturlurées comme des décors de théâtre : vu de très haut, tout ce *camouflage* doit représenter de l'herbe bien verte, des rochers bruns, des pierrailles blanches, etc. Et c'est pour tromper les yeux perçants de ces nouveaux oiseaux d'acier qui, de nos jours, empoisonnent l'air, transportent là-haut jusque dans les nuages le tohu-bohu et l'horreur d'en bas. En effet, s'ils apercevaient cela, les vilains oiseaux boches en maraude, on se représente les explosions que propageraient leurs bombes parmi nos vastes, plantations de mitraille.

Par degrés nous pénétrons dans ces zones, inimaginables à force de tristesse et de hideur, que l'on a récemment qualifiées de lunaires. La route, réparée en hâte depuis notre récente avance française, est encore à peu près possible, mais n'a pour ainsi dire plus d'arbres; de l'allée d'autrefois, restent seulement quelques troncs, pour la plupart fracassés, déchiquetés à hauteur d'homme, et quant au pays alentour, il ne ressemble plus à rien de terrestre; on croirait plutôt, c'est vrai, traverser une carte de la Lune, avec ces milliers de trous arrondis, imitant des boursouflures crevées. Mais dans la Lune, au moins, il ne pleut pas, tandis qu'ici tout cela est plein d'eau; à l'infini, ce sont des séries de cuvettes trop remplies, que l'averse inexorable fait déborder les unes sur les autres; la terre des champs, la terre féconde avait été faite pour être maintenue par le feutrage de l'herbe et des plantes, mais ici un déluge de fer l'a tellement criblée, brassée, retournée, qu'elle ne représente plus qu'une immonde bouillie brune où tout s'enfonce. Çà et là, des tas informes de décombres, d'où pointent encore des poutres calcinées ou des ferrailles tordues, marquent la place où furent les villages. On reste confondu devant de telles destructions, qui sont le « dernier cri », les miracles de la guerre moderne. Et il faut se dire, hélas! que ce gâchis macabre s'étend, tout pareil, pendant des lieues et des lieues, sur ce qui s'appelait naguère encore des provinces françaises!

Voilà donc ce que les hommes ont fait de la Terre, qui, aux origines, leur avait été donnée habitable, verte et douce, bien revêtue d'arbres et d'herbages! Le voilà, le suprême aboutissement de ce que de pauvres esprits s'obstinent à appeler le progrès! Oh! combien étaient sages ces penseurs des vieilles civilisations, qui ne permettaient la science qu'aux représentants de certaines castes sacrées, jugés dignes d'en détenir les néfastes secrets! Aujourd'hui, le moindre imbécile joue des explosifs à sa fantaisie, le plus laid et le plus obtus des professeurs allemands possède la clef des arcanes de la chimie et exerce sa patience de termite à en tirer le plus diabolique rendement possible pour bouleverser notre sol et exterminer en masse, à la grosse, notre précieuse jeunesse française. Rien que cela d'ailleurs est presque une condamnation de la science, qu'elle soit accessible à un peuple incurablement barbare et que, pour en développer les effets, il suffise de s'y appliquer d'une façon obstinée, avec une ténacité à peine intelligente. Bien inférieur, en effet, ce peuple-là, qui n'excelle que dans les industries précises, serviles et terre à terre, et n'a pas su reconnaître encore à quels inutiles sacrifices son kaiser le mène, et à quelles hécatombes sans compensations! Quand donc ouvriront-ils les yeux, ces êtres aux obéissances moutonnières, pour distinguer les vraies mobiles du Monstre, qui lutte et qui tue avec la rage d'une bête forcée au gîte, non pour défendre l'Allemagne, mais pour défendre sa propre personnalité, sa dynastie, sa morgue, son trône maculé de sang et de cervelle! Quand donc cette plèbe à tête carrée, qui se confie à de si impudents consommateurs de vies humaines, comprendra-t-elle qu'il suffirait de jeter par-dessus bord, comme nous disons en marine, le kaiser, avec sa plus immédiate séquelle, pour se réhabiliter déjà un peu aux yeux de l'humanité, et obtenir la paix!...

Dans le lugubre désert de crevasses et de boue, un écriteau sur bois blanc, au bout d'un bâton, m'indique de quitter la grande artère par où s'écoule le fleuve pesant des convois, le fleuve écrasant tout, et de prendre un vague chemin de traverse qui me mènera où j'ai mission d'aller.

Il y a comme un soulagement physique à n'être plus englobé dans tout ce vacarme et ces trépidations du grand ravitaillement militaire, mais il y a aussi une mélancolie à quitter cette foule de soldats avec qui on cheminait depuis des heures, à s'éloigner de toutes ces vies françaises qui vont gaiement affronter le Minotaure, et demain peut-être seront fauchées ; on aimerait mieux les suivre, entraîné dans leur élan vers cette partie du front où les camions les conduisent, que de se retrouver seul, à s'enfoncer froidement dans les désolations d'alentour. Sur ce nouveau chemin, que continue d'inonder la pluie, un silence soudain m'enveloppe, un silence ponctué, il va sans dire, par les coups de canon, mais ponctué à longs intervalles, à cause de ce déluge toujours, qui ralentit toute bataille...

Bientôt mon auto ne veut plus rouler, sur la fange à moitié liquide ; la pousser plus loin serait courir le risque de l'embourber sans possibilité de sauvetage ; il est plus prudent de la laisser là, de mettre pied à terre et de m'embourber moi-même. D'ailleurs le but de ma course n'est plus bien loin ; je l'*entendais* depuis longtemps, et à présent je l'aperçois déjà, à travers les myriades de petites rayures tracées dans l'air par cette pluie ; c'est là-bas, ce groupe de choses tristement fantastiques, qui, au-dessus de l'horizon, se remuent en se profilant sur la pâleur morte du ciel. On dirait de gros tuyaux d'usine, mais qui seraient doués d'un étrange mouvement presque animal ; ils se lèvent, puis s'inclinent, puis se relèvent, et chaque fois qu'ils sont dressés, c'est pour vomir, avec un bruit de tonnerre, quelque lourde masse, comme jadis les volcans avaient seuls la force d'en projeter : des blocs de fonte qui jaillissent dans le ciel, jusqu'à des hauteurs de six kilomètres et puis s'en vont retomber au loin, bien au delà du champ de la vue, pour éventrer des abris boches, faire des écrasis de corps humains. En général, par de tels temps pluvieux et bouchés, ils ne *travaillent* pas, nos nouveaux canons géants ; mais c'est nécessaire aujourd'hui pour une *préparation* urgente ; on les a donc malgré tout mis à l'œuvre. Et, avec une régularité, une tranquillité terrifiantes, ils oscillent ainsi, ayant l'air de se mater d'eux-mêmes, pour leur besogne de juste vengeance.

Ce fut, on le sait, une des plus chères conceptions de leur kaiser, que celle des canons monstrueux. Il s'était imaginé nous apporter avec cela les paniques et les déroutes ! Bien entendu, pour nous en défendre, il nous en a fallu de pareils, mais quelques mois nous ont suffi, et nous les avons. Ce que, lui, avait mis quarante-quatre ans à inventer, les Alliés, qui, hélas ! ne se méfiaient pas et n'avaient rien prévu, en deux ans à peine l'ont reproduit et dépassé. Alors, que lui reste-t-il donc comme supériorité intellectuelle, au monstre de Berlin, prince de toutes les ruines et de tous les deuils ? Et, par ailleurs, en a-t-il assez accumulé de bévues, dans sa tortueuse politique, et de fausses prévisions, et de calculs imbéciles! A part quelques coups de fourberie éhontée qui lui ont réussi, ou failli réussir, qu'a-t-il fait autre chose, que tuer par surprise! Et dire que cette légende s'était naguère accréditée, chez les esprits simples de chez nous, qu'il avait du génie, du moins un certain génie, dans certaines branches inférieures. En réalité, il n'avait même pas celui de la destruction, puisque nous, par représailles, nous l'avons distancé tout de suite. Son génie, allons donc! Non, qu'on nous laisse tranquille avec cet histrion de la mort!...

Décidément, la nuit tombe sur ces désolations infinies de la Somme. Pour aujourd'hui, ils ont terminé leur besogne, nos canons géants, qui se dressaient et se recouchaient au commandement, avec la docilité d'énormes bêtes apprivoisées. Comme on fait aux chevaux qui ont fini leur course du jour, on les couvre, on les enveloppe d'immenses housses et on va les emmener à l'arrière, à l'abri, — car ils ont chacun sa locomotive et ses rails. Le tragique désert de boue, où ils faisaient tant de bruit tout à l'heure, et qui a entendu tant de batailles, tant de cris de fureur et d'agonie, va sans doute ce soir redevenir silencieux dans l'obscurité, silencieux d'un angoissant silence de cimetière; les autres canons, tous ceux du lointain, se taisent aussi; il ne se passera rien cette nuit, parce qu'il pleut trop. Et bientôt, dans ces solitudes où la mort fait semblant de dormir, on n'entendra plus que les averses froides, qui continuent obstinément leur espèce de pianotage perpétuel sur l'eau de toutes ces flaques rondes.

FIN

TABLE

	Pages
VERTIGE	1
FRAGMENTS D'UN JOURNAL INTIME	21
LORMONT (GEORGES)	39
NOS MATELOTS	51
MADEMOISELLE ANNA, TRÈS HUMBLE POUPÉE	63
ALSACE!	67
UNE FURTIVE SILHOUETTE DE S. M. LA REINE ALEXANDRA D'ANGLETERRE	79
FEMMES FRANÇAISES PENDANT LA GRANDE GUERRE	89
UN « SECTEUR TRANQUILLE »	93
UN PETIT MONDE QUE N'ONT PAS ATTEINT NOS VERTIGES	101
L'ADIEU DE PARIS AU GÉNÉRAL GALLIÉNI	111
UNE DEMI-DOUZAINE DE PETITES CONSTATATIONS	115
LE PRINCE ASSASSINÉ PAR *EUX* (YOUZOUF YZEDDIN)	119
LA FEMME TURQUE	131
SIMPLE GENTILLESSE ENTRE VOISINS	149
LES PATIENCES SOUTERRAINES	159
NEW-YORK ENTREVU PAR UN ORIENTAL TRÈS VIEUX JEU	171
NOS AMIS D'AMÉRIQUE	205
IL PLEUT SUR L'ENFER DE LA SOMME	211

9186-4-28.

COULOMMIERS
IMPRIMERIE
PAUL BRODARD
9091-4-28.

PUBLICATIONS

	vol.
...ULT	
Mé...	1
ARTHUR LÉVY	
L'Homme du devoir et l'amoureux	1
RENÉ BAZIN	
Baltus le Lorrain	1
GUY CHANTEPLEURE	
Le Magicien	1
DOMINIQUE DUNOIS	
Leurs Deux Visages	1
JACQUES FONTELROYE	
Le Baiser du Voyage	1
ANATOLE FRANCE	
La Vie en fleur	1
MAXIME GORKI	
Les Cafards	1
JEAN DE GRANVILLIERS	
Le Prix de l'Homme	1
GUIDO DA VERONA	
Mimi Bluette	1
GYP	
Souvenirs d'une petite fille (tome I)	1
SANDOR KÉMERI	
Promenades d'Anatole France	1
COMTESSE KLEINMICHEL	
Souvenirs d'un monde englouti	1
JEAN LA ROCHETTE	
Juliette d'Esprée	1
ANATOLE LE BRAZ	
Poèmes votifs	1
PIERRE LOTI	
Journal intime	1
VALENTIN MANDELSTAMM	
Le Crack	1
W. B. MAXWELL	
Le Jardin du Diable	1
DMITRI MEREJKOVSKY	
La Fin d'Alexandre Ier	1
JEAN MISTLER	
Châteaux en Bavière	1
EUGÈNE MONTFORT	
César Casteldor	1
PIERRE DE NOLHAC	
Madame de Pompadour et la Politique	1
NOËLLE ROGER	
Le Livre qui fait mourir	1
GEORGE SAND	
Journal intime	1
GABRIEL SILAINE	
William Dixon et son Amour	1
ALINE DE VILLÈLE	
Les Inadaptés	1
COLETTE YVER	
Haudequin, de Lyon	1

www.ingramcontent.com/pod-product-compliance
Lightning Source LLC
Chambersburg PA
CBHW051859160426
43198CB00012B/1672